CIYUNXIANGGUANG

慈 云 祥 光

——赣州慈云寺塔发现北宋遗物

中国社会科学院考古研究所
赣 州 市 博 物 馆 编

王亚蓉 主编

文 物 出 版 社

图书在版编目（CIP）数据

慈云祥光：赣州慈云寺塔发现北宋遗物 / 中国社会科学院考古研究所，赣州市博物馆编.－－北京：文物出版社，2019.8

ISBN 978-7-5010-6232-4

Ⅰ．①慈…　Ⅱ．①中…　Ⅲ．①历史文物－介绍－赣州－北宋　Ⅳ．①K872.563

中国版本图书馆CIP数据核字（2019）第171896号

慈云祥光——赣州慈云寺塔发现北宋遗物

编　　者：中国社会科学院考古研究所
　　　　　赣州市博物馆
主　　编：王亚蓉

装帧设计：周小玮
责任印制：陈　杰
责任编辑：蔡　敏

出版发行：文物出版社
社　　址：北京市东直门内北小街2号楼
邮　　编：100007
网　　址：http://www.wenwu.com
邮　　箱：web@wenwu.com
经　　销：新华书店
印　　刷：天津图文方嘉印刷有限公司
开　　本：787mm×1092mm　1/8
印　　张：30.5
版　　次：2019年8月第1版
印　　次：2019年8月第1次印刷
书　　号：ISBN 978-7-5010-6232-4
定　　价：880.00元

目录

序一

　　《慈云祥光——赣州慈云寺塔发现北宋遗物》的出版问世，展示了我国文物保护修复工作者，为抢救保护文化遗产做出的又一贡献。

　　2004年5月，江西赣州市对赣州慈云寺塔进行维修施工时，在其第四层塔心内壁发现了空洞，赣州市博物馆接受市文物局下达的任务，组织文物清理小组，对暗龛内庋藏的文物进行现场勘察和抢救性清理。发现有北宋初年的书画、经卷、木雕造像、泥塑造像、青白釉瓷观音像、铜像等珍贵文物。由于年代久远，且受地震、潮湿、虫蛀等自然灾害和环境因素的影响，文物多已霉烂、粘连、碎裂、散落，严重毁损。

　　为完成抢救保护修复这批珍贵文物的艰巨任务，赣州市文物局依据市领导指示，特聘请我国最具声望的纺织文物修复专家王亚蓉先生担任首席修复专家。亚蓉先生接受邀请后，不辞劳苦，先后多次亲临赣州，详细考察文物保存现状，编制切实可行的修复方案，并及时组织文物修复团队，投入抢救修复工作。经过修复专家们的勤劳工作，于2012年成功地修复出经卷、画卷、彩绘泥塑、木雕、瓷雕、铜雕共60件，并在中国社会科学院考古研究所组织召开了该修复项目的结项验收会。

　　国家文物局对赣州慈云寺塔发现北宋遗物的保护项目高度重视，在修复经费和技术人员等方面给予了有力支持。时任赣州市博物馆馆长的韩振飞先生全程主持此工作，他为保护慈云寺北宋文物尽心竭力，功绩不可磨灭。在修复项目启动之初，赣州市有的领导提出将这批文物原状送回塔内的主意，为此，韩振飞馆长迅速到京向国家文物局汇报，并立即邀请王亚蓉先生和笔者前往赣州，就这批文物保护技术问题向市领导详细阐明，得到市领导的理解和支持后，保证了修复任务的顺利进行。

多学科保护工作者的通力合作，是有效完成此次慈云寺塔文物修复任务的关键。因慈云寺塔北宋遗物材质多样、劣化严重，王亚蓉先生组织邀请首都博物馆、故宫博物院和中国国家博物馆的优秀文物修复师，分工协作进行，方使这批显示北宋早期物质文化的重要资料呈现在世人面前。从赣州慈云寺塔北宋遗物的发现到本书的出版整13年，担任项目首席修复专家的王亚蓉先生，心系赣州慈云寺塔北宋遗物保护项目的始终。王亚蓉先生四十余载勤奋工作在文物保护修复的第一线，在文物保护修复领域取得卓越成就，被授予"大国工匠"、"2016中华文化人物"荣誉称号，在此特向王亚蓉先生致诚挚祝贺。同时向参加慈云寺塔北宋文物修复项目的组织者和文物修复工作者致敬。

周宝中

2017年3月26日于北京

序二

　　去年我有幸在中国社会科学院考古研究所举办的江西赣州慈云寺塔发现的纸本、绢本的字画和泥塑、木质造像修复后的验收汇报展上，看到了这批修复后的珍贵文物。看了之后，我感到震撼，与会者都有同感。

　　这批文物在慈云寺塔暗龛中的保存环境恶劣，造成字画受到虫蛀、霉烂、粘连、污染、破裂、粉化等病害的损伤，面目全非。保护修复工作项目负责人王亚蓉女士带领团队潜心研究，做了大量深入细致的前期调查研究工作，运用多学科研究方法，通过多次试验，历时五年取得了丰硕成果。这次运用考古、文物保护修复技术，在传统书画装裱的基础上加以改进，提高了拼合装裱的精准度，是对中国出土绘画研究的重大贡献。

　　这次大规模的保护修复工程有故宫博物院、中国国家博物馆、首都博物馆、中国社会科学院考古研究所多家合作，项目组成员团结一致，倾心钻研，不辞辛苦，耐住寂寞的干劲令人感动、敬佩。由于这批文物的重要性，且存在许多值得研究的问题，项目组不保守、不垄断资料，把已修复的文物发表，供大家研究，更是难能可贵。

　　最后，对文物出版社将这一保护工程成果付梓出版表示祝贺。

王丹华

2013年5月15日

赣州慈云寺塔发现一批北宋初年的珍贵文物

❖ 江西赣州市博物馆

2004年5月26日（农历四月初八），上午9时，江西省文物保护单位赣州慈云寺塔（2006年国务院公布为第六批全国重点文物保护单位）维修工地突然传来消息：工人在修补塔内墙壁时，无意间在第四层塔心内壁发现了不小的空洞。得此消息，市文物局立刻组织专业人员前往现场勘察，发现空洞内是一个面宽55、进深33、高约117厘米的暗龛，龛内情况不明。市文物局当即将这一情况分别报告了市文化局及省文物考古研究所有关领导。为了不耽误维修工期，受省文物考古研究所的委托，市博物馆决定组织暗龛清理小组，对暗龛内可能庋藏的文物进行抢救性清理。

经过必要的准备，上午10时打开暗龛。只见暗龛内堆满了佛像、经卷等各种宝物。这些宝物堆放零乱，佛像有的竖立，有的平躺，有的与经卷夹杂在一起，横七竖八，了无次序，且因时代久远，并经过地震、虫蛀、潮湿等灾害的侵袭，龛内上部构件霉烂倒塌将下面的彩绘泥塑佛像压碎裂，部件散落四处，纸质书画经卷等也已深度霉烂变质，粘连成团块状，宝物中夹杂厚厚一层霉烂后留下的黑色纸灰与黄褐色的泥土，土面上还留下了数块从顶部塌落下来的砖块。清理人员从上往下，逐层逐件，小心翼翼地将灰尘与泥土中夹杂的各件宝物取出，并对各件宝物的存放位置进行了详细纪录。经过一天的清理，从暗龛中共取出成卷的书画经卷16件，较完整的木雕造像13件，泥塑造像6件，青白釉瓷观音像1件、无头铜像1件，共计37件。此外，尚有残破的经文、纸绢彩画、各种零散构件400余件（片），其中一件白描佛像画残片上还可清楚地看见墨印落款：大中祥符七年甲寅岁赵家□□装印。由于这批珍宝破损严重，故取出之后，泥塑、木雕及金属制品均全部就地装箱封存，纸绢等书画作品则按取出时的状态，用塑料纸原样密封。

第二天，市文物局将慈云寺塔暗龛文物出土情况分别向市委、市政府作了口头及书面详细汇报。市委、市政府对这批文物的出土非常重视，市委主要领导亲自来馆察看了这批出土文物的现状，并指示一定要按照文物保护法的要求，聘请国内最顶级的文物修复专家对这批文物进行整理、修复、保护。

通过江西省文物考古研究所的推荐，我们联系上了国内具有丝织品与纸质品文物修复资质的首都博物馆及正在该馆进行丝织品修复工作的国内最具名望的丝绸品文物修复专家、中国社会科学院考古研究所研究员王亚蓉女士，拟委托首都博物馆为这批文物的修复责任单位，邀请王亚蓉女士担任首席修复专家。

王亚蓉女士接受邀请后，不辞劳苦，先后两次亲临赣州，并在详细考察了这批文物的保存现状后提出了切实可行的修复方案。市政府为此拨出专款70万，作为维修费用。

经过修复专家们两年多的勤劳工作，终于在2011年年底前成功地修复出彩绘泥塑像5件、木雕像15件、瓷雕1件、铜雕1件、经卷4件、设色画卷32件（册），共计58件。

慈云寺塔的这些暗龛藏宝与之前文物部门发现的苏州瑞光塔、虎丘塔中的天宫藏宝有些不同，在慈云

慈云寺塔（龙年海摄）

寺塔暗龛中不见经函、宝幢及日常生活供器，有的只是造像、手抄经文及彩绘画像，且这些宝物均全部裸露在外，不见有包装痕迹。其中，有些宝物留有长期使用过的痕迹。如其中一件木雕三联佛龛，原本有左、中、右三块，携带时可以相互扣合在一起的，但清理中只发现左右两块，正中主龛却了无踪影。另外，铜像残件也只见下半部，上半部早年残损。青白瓷观音像，身子是从堆积上部的第二层取出的，而头部却落在了底层的西北角，显然，在放入暗龛之前，该塑像已经裂成了两半。可以推断，这些已经损坏了的珍宝，尽管在仪式活动中已经不再使用，但作为宗教圣物，它仍然具有灵性，故信众们将它与其他珍宝一起，庋藏到了宝塔暗龛之中。

保存这批珍宝的赣州慈云寺塔位于赣州市老城区东南部，塔身六面九层，高42米，为穿壁绕平座砖木结构楼阁式佛塔，每层都有延伸而出的回廊和砖叠涩飞檐翘角，檐下有砖砌的阑额及斗拱。底层为塔座。塔心中空，沿阶梯可登临而上。每层辟门，并建有佛龛。造型玲珑秀丽，具有浓郁的宋代江南砖塔造型艺术风格。

关于该塔的建造年代，正史缺载，明嘉靖十五年（1536年）《赣州府志》只载其名。清乾隆四十七年（1782年）《赣州府志》卷37"赣县寺"记载："慈云寺塔，在（慈云）寺内。高十数仞，九级，檐栏周回。唐初建，砖上有'尉迟监造'四字"。清同治十年（1871年）《赣县县志》卷13"寺观"、同治十二年（1873年）《赣州府志》卷16"寺观"的记载与此相同。但从现存建筑物的造型与结构分析，该塔不具有唐塔造型特征而更具江南宋代砖塔的造型艺术风格。1962年文物工作者在进行考古调查时，还在该塔塔座上发现了"天圣元年弟子鲍俊捨塔砖一千五百口"、"天圣二年女弟子陶氏一娘捨砖一千口"、"舍利塔砖僧□"、"弟子王仁欲捨砖四百口追荐□魂□二娘"等铭文砖，2004年大修时在该塔塔身上又发现了宋代"孝仁坊女弟子黄氏四娘捨砖二仟伍佰口记"铭文砖，证明清乾隆《赣州府志》关于该塔建于"初唐"的记载不准确。该塔的实际建造时间当在北宋天圣一至二年（1023～1024年），初名为"舍利塔"，明清时更名慈云寺塔，为现今赣州市区域内保存下来的五座宋代砖塔中时代最早、造型最完美的一座。

慈云寺塔建成之后，曾经过多次维修。据清乾隆《赣州府志》卷37"赣县寺"记载，明嘉靖癸未年（1523年），赣人毛云孔捐修过第一级，刘珪等捐修过第五级，会昌罗朝宪捐修过第六级；隆庆戊辰年（1568年），赣人曾宪捐修了第一级；万历年间又维修了一次。[1] 2004年该塔大修时，工人在该塔第四层塔身上还发现了"会昌县施砖信女肖氏□愿偕化缘□□"、"万历三十二年吉日"等铭文砖，证明万历三十二年（1604年）该塔的确维修过，但规模不详。清乾隆年间，慈云寺塔塔顶坠落，支撑剥蚀，瓴甋销磨，层檻飞簷寖多凋落。故嘉庆十六

[1] 清乾隆四十七年《赣州府志》卷37"赣县寺"载："慈云寺塔……明嘉靖癸未赣人毛云孔修第一级，刘珪等捐修第五级，会昌罗朝宪捐第六级，隆庆戊辰赣人曾宪捐修第一级。（编者）曾先慎云，吾郡城东塔院莫悉始基。今之塔下寺者即古慈云寺，见于洁翁诗，诗中但谓寺阁耳，所谓参旗斗柄掠欄楯，清坐耳闻河汉风，真若置身浮屠者，岂即尔时之塔耶。谢桓懃公于郡内形势，如三池、二沟、玉虹，谆复详载，而此独未之及，亦以其失传而阙疑耳。太史张侯深以为慨，遂採摭而标举之。愚按郡城地势，东北为卑，贡水齧城，此焉独当其缺，从形家言，则塔址当属文峰。顾胜迹兴替，修废举坠，碑跋鲜存。迄今支撑剥蚀，瓴甋销磨，层檻飞簷寖多凋落，而怀济胜者近岁为之屏迹，嗟呼！相其阴阳，自古不废。所望名贤先达，留意人文，倡率兴修无俾堕坏，则百世之泽，岂仅为树功德表遶观而已哉。"清同治十二年《赣州府志》载：慈云寺塔……明嘉靖间，赣人毛云孔、刘珪、会昌罗朝宪，隆庆间，赣人曾宪捐修，万历间重修。国朝嘉庆十六年，巡道廖寅、查清阿相继修。"清同治十年《赣县县志》卷13"寺观志"记载："慈云寺塔……明嘉靖癸未赣人毛云孔募修第一级，刘珪等捐修第五级，会昌罗朝宪捐修第六级。隆庆戊辰，赣人曾宪捐修第一级。乾隆年间塔顶坠落，有碑记万历

慈云寺塔出土宋代　　　慈云寺塔天圣二年铭文砖　　　慈云寺塔万历三十二年　　　慈云塔寺出土明代铭文砖
铭文砖　　　　　　　　　　　　　　　　　　　　　铭文砖

年（1811年），观察使廖寅在升任两淮盐铁运使之时，特地邮寄百金，倡议重修。随即，接任观察使的查清阿带头捐助百金，绅士谢长泰等也发动城乡居民捐输，共募得万余金，对慈云寺舍利塔进行了一次规模较大的重修。这次重修，不仅重装了塔刹，同时还将飞簷瓴甋改换成琉璃，从而使该塔显得更为壮丽。

清光绪三十二年（1906年）慈云寺塔不幸遭遇雷火，檐栏尽毁。[2] 1931年，中央苏区红军攻打赣州城，守城国民军拟在慈云寺塔最高层设立瞭望哨，但此时，慈云寺塔因年久失修，不堪攀登，故匆忙之中，当地政府又对该塔进行了一次简单修葺。[3]

中华人民共和国成立后，1957年7月1日，江西省人民政府将慈云寺塔公布为江西省第一批文物保护单位。1963年，由省财政出资对慈云寺塔进行了新中国成立后的第一次维修，维修重点是清除塔身的野树杂草，并对塔身进行初步加固。2004年，国家文物局又再次拨款对慈云寺塔进行全面

年间曾经修理。嘉庆十六年辛未观察使廖寅谕绅士谢长泰等重修，会升任两淮盐铁运使，邮寄百金，观察使查清阿亦捐助百金，城乡捐输共计费万余，飞簷瓴甋均易琉璃，视前级高数十仞。"
[2] 民国三十五年张恺《赣县新志稿》第18章"胜迹"：塔在城东故慈云寺，俱为唐时所建，高十数仞，级有九，内穿梯窟外迴簷栏，可登临览全城，砖上有"尉迟监造"四字。清光绪丙午不戒于火，簷栏尽毁，而寺亦改为省立赣县中心小学校。
[3] 民国三十五年张恺《赣县新志稿》第9章"要事记"："（民国十九年，红军攻打赣州，守城军）设瞭望哨。城内慈姑岭上之慈云塔年久失修，不堪攀登，乃赶快修葺，设瞭望哨于最高层，瞭望东南门外。"

维修。这次维修，不仅修补了破损的墙面，还恢复了木构檐栏回廊，更换了塔刹。此次维修中并有幸发现了上述暗龛珍藏宝物。

总观慈云寺始建之后的历次维修记录，每次维修都只是作了局部的复原、维护及加固，主体结构未发生丝毫改变。

慈云寺塔隶属于赣州市宋代著名佛教寺院：慈云寺。据清乾隆《赣州府志》卷37"寺观"记载："慈云寺，在府城隍庙左，唐时建，《一统志》云，旧名景德，宋僧修惠重建。"《大清一统志》"赣州府–古迹"记载："慈云寺，在赣县东，贞元中建。"该寺重建后，声名远扬，宋代著名文学家黄庭坚曾慕名造访此地，并写下了《慈云寺诗》，诗云："城南宝坊金碧重，道人修惠剪蒿蓬。一瓶一钵二十载，琼梣碧瓦上秋空。稻田摩袖拥黄发，更筑高阁诸天中。三后在天遗圣墨，百神受职扶琳宫。文思帝泽徐滋润，雨露下国当年丰。贡川章川连襟带，梅岭桂岭来朝宗。参旗斗柄掠栏楯，清坐耳闻河汉风。道人饱参口挂壁，颇喜作诗如已公。家风秀句刻琬琰，邀我落笔何能工。安得雄文压胜境，九原唤起杜陵翁。"

北宋元符三年（1100年）被贬到惠州安置的大文豪苏东坡复职朝奉郎，提举成都玉局观。次年正月，他度庾岭北归，以江水涸，逗留赣州月余，其间曾慕名前往慈云寺游览，并在寺内沐浴后留下了《戏赠虔州慈云寺鉴老诗》，诗云："居士无尘堪洗沐，道人有句借宣扬。窗间但见蝇钻纸，门外惟闻佛放光。遍界难藏真薄相，一丝不挂且逢场。却须重说圆通偈，千眼熏笼是法王。"

就是这位深受苏东坡敬重的慈云寺住持明鉴大师，北宋末年，曾以"劝缘僧"的名义，分别在现全国重点文物保护单位赣州通天岩石窟寺内的通天岩、忘归岩、龙虎岩、翠微岩捐塑了"广胁山位居第十三号因揭陀尊者、僧伽茶州位居第七圣号迦里迦尊者、毕利飔瞿州位居第十一圣号罗怙罗尊者、眈没罗洲位居第六圣号跋陀罗尊者、钵刺拏洲位居第八圣号代罗弗多罗尊者、遵涅弥罗国位居第二圣号加诺法蹉尊者、东胜身洲位居第三圣号迦里伽跋厘堕阇尊者"等七尊罗汉造像。[4] 足见赣州慈云寺当年社会影响之广，经济实力之雄厚。

入元以后，慈云寺逐渐走向衰落。到了明代，这里成了僧纲司的所在地[5]。清代以后，慈云寺的规模逐渐萎缩，声望与日俱降，以致到清代乾隆年间（1736～1795年），多数百姓已经不知"慈云寺"之名，而改称其为"塔下寺"[6]。清光绪二十七年（1901年）新学在赣州兴起，三十二年该寺被改建成省立赣县中心小学校。[7]

慈云寺与慈云寺塔的盛衰与赣州市经济文化的发展有着密切的关系。

赣州，地处江西南部，赣江上游，具有"南控闽粤、北贯中州"的地理优势。据1994年《赣州地区志》记载，东汉末年，受到战乱影响而

[4]赣州市政协学习文史委员会编《丹崖悠悠：赣州市通天岩摩崖石刻集锦》，第12～13页：中国文史出版社，2001年。

[5]明嘉靖十六年《赣州府志》卷6"公署"："僧纲司，府东南慈云寺，设官僧纲一员。"

[6]清乾隆《赣州府志》卷37"赣县寺"记载："慈云寺塔……曾先慎云，吾郡城东塔院莫悉始基。今之塔下寺者即古慈云寺者，见于涪翁诗，诗中但谓寺阁，所谓参旗斗柄掠栏楯，清坐耳闻河汉风，真若置身浮屠者，即尔时之塔基耶。谢桓慜公于郡内形势，如三池二沟玉虹，谭复详载，而此独未之及，亦以其失传而阙疑耳。大史张侯深以为慨，逐採摭而标举之。"

[7]民国三十五年张恺《赣县新志稿》第18章"胜迹"："（慈云）塔在城东故慈云寺……清光绪丙午不戒于火，檐栏尽毁，而寺亦改为省立赣县中心小学校。"

[8]（元）张鉴《重修南安路记》，转见民国八年（1919年）《大庾县志》卷2"形胜"。

从关中、洛阳南下避难的佛僧信士便率先在今南康境内创建了慈喜寺，为赣南建寺之始。宝鼎年间（266～268年），续建了端安院。西晋时期，在今宁都境内兴建了青莲寺、掬水寺和崇福寺，在赣县境内兴建了光孝寺、契假寺（后改名契真寺）。南朝梁天监年间（502～519年），又在于都西关外兴建起了福田寺。唐开元四年（716年），张九龄奉旨开通大庾岭路，使赣州成为我国唐代已降南北交通大动脉——大庾岭古驿道上的一个重要节点。之后，经过卢光稠割据赣南30多年间的有效治理以及唐宋时期大批北方移民的渡江南下，使得赣南的经济文化有了飞跃的发展，其间"凡台省命使之宣布，广海贡篚之献纳，莫不道出此都。"[8]"四方贸迁络绎，南北之官辂，商贾之货物与夫诸夷朝贡，皆取道于斯。商贾如云，货物如雨，万足践履，冬无寒土。"[9]由此，赣州一举发展成全国著名的冶矿基地、铸钱基地、造船基地及商业贸易中心，史料记载，天禧末年，江南及西北诸州共打造船只2916艘，其中仅赣州就造了605艘[10]，约占同期总产量的20.7%。熙宁十年（1077年），赣州（含当年的虔州、南安军）商税收入便达到六万六千多贯[11]，位居全省第一，从而跻身到全国三十六大都市行列。是时，赣江水面上，万船涌动，南来北往的各国使节、商人及内地官员齐聚赣州，给赣州带来了一片繁华似锦的都市景象。在繁荣、安定的生活之中，大批官员与百姓，纷纷用他们积累的财富供养寺院，以祈求永久的幸福、安宁。正是在这样的背景下，使得赣州唐宋时期的佛道文化迅速走向繁荣，一大批知名佛道寺观，如景德寺[12]、光孝寺[13]、崇庆禅院[14]、报恩寺[15]、慈云寺、寿量寺[16]、天竺寺[17]、宝华寺[18]、玉虚观[19]及许多知名僧道，如唐马祖道一禅师、智藏禅师、韬光禅师、真人刘继先，宋僧惟湜、荣师、明鉴、文尔等，在赣州大量兴起和涌现。据对清同治《赣州府志》"寺观志"所载寺观数量的统计，唐宋时期，在仅有3.2平方千米的赣州城及其近郊，有较大名望的寺庙宫观就达到19处，足见当年佛道文化之兴盛。[20]慈云寺及慈云寺塔就是在这样一种大背景下建造起来的。宝塔中珍藏的这些珍宝大多来自供养人的捐献，而供养人像中大量出现官员、贵妇与普通百姓的形象，也正是当年宗教热情普遍高涨的一种真实反映。

（赣州市博物馆组织清理，主要参与人员：韩振飞、万幼楠、张嗣介、刘劲峰等。执笔：刘劲峰）

[9]（明）桑悦《《重修大庾岭路记》，民国八年《大庾县志》卷9"艺文"。

[10]《宋会要辑稿》"食货"50之2。

[11]《宋会要辑稿》"食货"16之10、11。

[12]清同治《赣州府志》卷16"寺观"：景德寺，旧名安天，在郁孤台南，刘宋时建，唐贞观三年重修。苏轼曾慕名造访，并作《景德寺荣师湛然堂诗》。

[13]清同治《赣州府志》卷16"寺观"：光孝寺，在郡城东廉泉右。创于晋，后废。唐高宗时，指挥使邱崇复建。

[14]清同治《赣州府志》卷16"寺观"：崇庆禅院，在廉泉。为僧昙秀、惟湜、知锡藏经所。建中靖国元年，苏东坡由惠州北返逗留赣州时曾多次造访，写下了《崇庆禅院经藏记》，并数与惟湜等吟诗唱和。

[15]报恩寺，在廉泉西北，文尔禅师在此驻锡。师圆寂后，宋周必大为之撰《文尔禅师塔铭》。

[16]清同治《赣州府志》卷16"寺观"：寿量寺，在郡城东。梁防御使卢光稠为僧道诚建。始名"卢兴延寿"，寻改"经寿"，宋祥符中赐"寿量寺"额。

[17]清同治《赣州府志》卷16"寺观"：天竺寺，在贡水东，原名修吉寺。唐元和初，僧人韬光自钱塘天竺来驻锡，携乐天诗迹于此，以为世宝。宋苏明允、东坡父子相继游此。苏轼作《天竺寺诗并序》。

[18]清同治《赣州府志》卷16"寺观"：宝华寺，在县西北一百二十里。唐僧智藏禅师示寂之地。智藏禅师得法于禅宗八祖马祖道一，示寂后，唐穆宗谥"大觉"，建"大宝光塔"。武宗废塔，大中七年，复诏立，唐技为撰碑铭，权德舆书丹。

[19]清同治《赣州府志》卷16"寺观"：玉虚观，在贡水东，唐开元中建。刘真人继先曾炼丹于此。宋治平中赐观额。

[20]这十九座唐宋寺庙宫观分别为景德寺、大佛寺、光孝寺、崇庆禅院、报恩寺、笔峰山寺、开元寺、慈云寺、寿量寺、丰乐寺、宝云寺、天竺寺、紫极宫、上坛观、景德观、玉虚观、至德观、真武殿、三皇殿。

江西赣州慈云寺塔暗龛发现文物的保护修复

❖ 王亚蓉

一、概况

赣州慈云寺塔，又名舍利塔，位于中国江西省赣州市章贡区厚德路东段赣州文庙旁。据考证，该塔建于宋仁宗天圣元年至二年（1023～1024年），距今已有980多年的历史。该塔由塔基、地宫、塔身、塔刹等部分组成，塔原高42米，现高49.9米，塔身平面呈六角形，共9级，塔中心空，塔内结构为穿壁绕平座。塔顶部安装有莲苞形状铁塔刹。清光绪三十二年（1906年），廊檐木板被烧毁，之后近百年间只留下中空的青砖结构。1962年在塔底座发现"天圣元年""天圣二年"铭文砖，故得知塔的建造年代。2004年，赣州市政府拨款将飞檐回廊进行维修复原。

慈云寺塔内壁大修时，在塔第四层内壁发现一个暗龛，龛面宽55厘米，高117厘米，进深33厘米，龛内无序的堆满佛造像、经卷等文物。这些文物保存状态无序，损毁严重。造像竖立、倒放不一，彩绘泥塑像或破裂残缺或色彩剥落；木雕造像景况亦如是；纸绢质书画经卷状况更糟，虫蛀霉烂严重，其间混杂较厚的各种残损部件与纸绢残片，有塌落的碎石砖块压至其上。通过赣州博物馆同仁的逐层逐件的小心清理起取，从暗龛中共取出残破书画经卷16件、较完整木雕造像13件、破碎的泥造像6件、断成两截的青白瓷观音造像1件，及各种零散构件400余件及众多纸绢残片。其中一件纸残片上描有墨迹："大中祥符七年"款识。清理工作由时任赣州市博物馆馆长韩振飞先生主持，文物取出后被存放在博物馆妥当保存，等待修复。

2006年，受国家文物局委派，笔者曾两次赴江西赣州检视这批文物，并制定文物保护方案。当第一次见到这批残损文物，虽支离破碎，但清雅明澈的头面，精美的木雕，及绘画残片上精美的描摹与着色，都展示着这批北宋文物历史、艺术与科学的价值，而被她深深震撼，也为这些文物修复的难度感到困惑。

慈云寺塔内发现的这批北宋初的文物，种类众多，情况比较特殊，由韩振飞馆长率队将众多文物平安运抵北京，经慎重考虑，最后决定聘请北京几家文博单位有经验的修复专家，共同对这批文物进行修复保护。

二、彩绘泥塑、木雕造像的修复保护

中国国家博物馆修复室承担其中彩绘泥塑、木质造像部分的修复保护工作，他们接到的是较完整或残缺、破损严重的木雕泥塑等各式造像，各种造像残碎块分别被盛装在大小四十六个箱盒内。

慈云寺暗龛内发现的彩绘泥塑造像病害主要是表面污染物、彩绘层脱落、残缺等。木质造像的病害主要是：表面污染、木质糟朽、残缺、彩绘层脱落等。

1. 保护修复技术路线

文物的保护修复工作应遵循不改变文物原状，最小介入干预，材料选择具有可逆性可再处理性为原则。结合前期调研所获文物的具体病害、保存现况等情况，采取物理及化学等保护方法去除表面污染物，并对文物进行加固、补配等处理，提高其艺术与观赏价值。

（1）操作的主要步骤

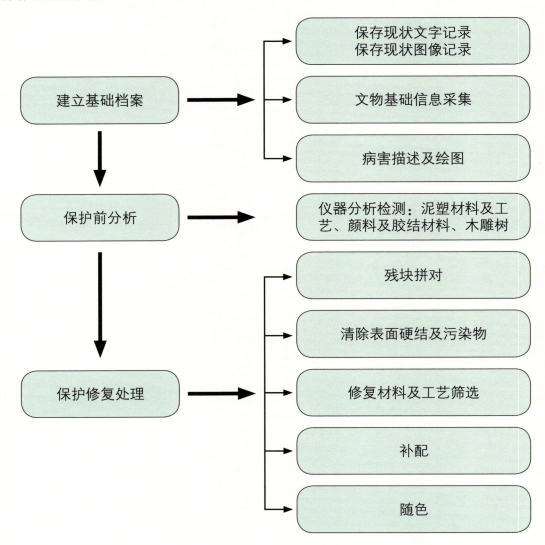

（2）修复的材料、工具

清洗材料、工具：毛刷、毛笔、竹片、竹签、手术刀、脱脂棉、镊子、无水乙醇；

加固材料、工具：丙烯酸树脂Paraloid B72；

粘接材料、工具：三吨型速干环氧胶；

补配材料、工具：腻子刀、调刀、橡皮碗、手术刀、泡沫填封剂、石膏、泥土、原子灰、速成钢、棒胶等；

随色材料、工具：矿物颜料、漆皮酒精、调色盘、毛笔。

（3）操作的主要步骤

a. 碎片拼接

文物碎片混乱的分装于不同的箱子中，有的箱子中只有佛像的身体，有的箱子中有三个佛头，例如佛像衣服的下摆、手指、肩部、腿部等相对较小的碎块更是分装在不同的箱子中，这为保护修复工作带来了一定的难度。在修复过程中，修复者只能根据经验，按照每一个残块的形状、大小、颜色、花纹进行拼对、对比，从而寻找其位置。

GN-01号泥塑坐像在这批文物中体积最大，碎片化最严重。修复完毕后统计，佛像的各个部位来自于七个不同的箱子。其中有：No.9（盒）中的彩绘泥塑头像、No.9（箱）中的彩绘泥塑佛身、No.34中的彩塑坐佛手部、No.35中的彩塑残肩、No.37中的彩塑残身、No.39中的泥塑碎片、No.45中的指头等五件。

b. 清除表面污染物

依据对文物最少干预的原则，根据此件文物的特点、状态，在分析研究的基础上采用手工清除与无水乙醇擦拭相结合的方法，对文物进行清洗。清除表面污染物要在大视野工作台上或手术显微镜下进行操作，以确保清洁处理工作的安全和彻底。

图1　清除缝隙中的污染物

首先用软毛刷对器物表面干刷，去除覆在其上的泥土和附着物。对于较坚硬或缝隙中的硬结物，可先用棉球蘸取酒精等溶剂，局部将泥垢软化，用刀锥、竹签或尖利工具将其剔除，特别注意不可损伤器物。

c. 加固

使用含有1.5%～2%的Paraloid B72丙酮溶液对文物进行加固，浓度以百分之零点五、零点五地逐渐加够为宜，为渗得均匀深入，保证加固效果，以处理后无光泽为宜。对于体积较小的残块使用浸泡渗透加固。体积较大的残块，使用毛刷浸取含有1.5%～2%的Paraloid B72丙酮溶液均匀涂在泥塑的外表面以及断面上，有规律地从上到下，先左后右地涂抹，避免重复和遗漏。在对断口处进行加固处理时，低浓度的加固剂需用Paraloid B72进行反复多次加固，令其易于渗透，使其在粘接过程中有一定的强度。

d. 粘接

将器物加固后，将残块依据纹饰、结构从下到上依次粘接，粘接使用材料为双组份的安特固3—TON透明环氧胶按A、B1：1混合后3分钟内（室温）涂抹在接缝处，指压下粘接，5～10分钟定位，30分钟达到使用强度，24小时后达最高强度。使用粘接剂时，粘接剂涂至断面的2/3，注意断面接近表面边缘处不涂，为防止断面压合粘接时，粘接剂溢出，稍有流到外面的胶液要及时擦拭干净。多余的胶用手术刀轻轻剔除。固化后即很难去除，稍不留神即会伤及彩绘层，掌握使用粘接剂的度尤为重要。

e. 补配

粘接完毕后，有些彩塑因残缺部位，使文物无法站

图2　粘接手臂

立，或者影响了文物的稳定性和艺术性，为了展览的效果更好，需要进行补配处理。文物的补配必须有依据，不可为了追求视觉效果，而凭主观想象，任意创造，改变文物的原状、色彩、纹饰，从而影响文物的价值。

GN-01号泥塑为跪式，左前腿与地面接触部位部分残缺，右侧完全残缺，补配没有任何根据，形状无法确定，因此补配时以文物稳定、补配后佛像身体要求对称为准。补配时选用的是泡沫密封胶（质量较轻，渗透性较好，可进入狭小的缝隙），在泡沫密封胶外层薄薄涂一层石膏，待石膏凝固后，用手术刀修理表面，使其平整与周边协调。石膏外面再糊上一层泥，约有1厘米厚，在泥土中加入聚醋酸乙烯乳胶、脱脂棉等，起到抗裂的作用。用手术刀清理表面，使其平整与周边协调统一，清理后表面比未修复部位略低，从而加以区别。这些补配材料具有可逆性，易于去除，在日后有新材料、新技术的时候可以进行再处理。对于泥塑

图3 补配

左手手掌、右手手指等残缺部位因没有影响到文物的稳定性，并且没有任何的依据，所以没有进行补配处理。泥塑坐像为此批文物中体积最大，残缺最严重的文物，其余文物器物较小，补配体积较少所以使用补配材料为原子灰。对于彩绘木雕孩儿舞蹈立像中孩儿手中的莲花柄，因对形状要求较高，补配使用材料为棒胶。

f. 随色

将补配的部分用手术刀修理平整，使其外形与四周和谐统一，观察器物整体，确定随色所需要的颜色，使用矿物颜料配比、调制，用酒精漆片作为黏合剂。先在表面涂上一层颜色较浅的底色，再在这层底色上用柔软的毛笔随上与附近色彩相同的颜料。

在做随色处理时，因没有可靠的依据，并没有对修补部位上的花纹进行复原。另外像泥塑坐像这件文物底色与泥色接近，因此补配步骤中涂上泥土后，颜色与器物颜色已经非常接近，故而未作随色处理。

经修复后，该批文物中修复较完整的器物有20件。其中6件泥塑佛像，14件木雕佛像。

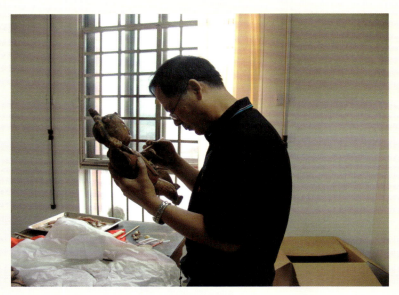

图4 随色

2. 保护修复后环境控制建议

这些造像修复后保存环境对文物保存有重要影响，收藏环境适宜合理，可以对文物产生保护作用，若不合理，则产生消极影响，加速文物损坏尤以不当的物理伤害最要注意。此批泥塑和木雕文物上都带有颜色，在展出和收藏过程中需要避免光线直射，尤不可日光直射，控制照度小于180lux。同时要控制环境，泥塑文物温度控制在20℃±2℃，相对湿度控制在50%～60%，木雕文物温度控制在18℃±2℃，相对湿度控制在55%～65%，最好在较恒定环境。展出或运输过程中，要求使文物固定，减少文物与包装材料的摩擦，文物搬运时应戴手套，并轻拿轻放。

三、纸、绢本写经与供养画的研究修复

纸质、丝质文物的修复由王亚蓉主持聘请故宫装裱专家纪秀文为主的团队承担。在我国科学考古修复保护的历史上，还未曾有过一次处理如此大量的北宋早期纸、绢材质文物（包括写经与供养画）。五代、北宋阶段的绘画承载着中国绘画艺术史上从繁盛的唐代向宋代绘画形式发展的特定历史转型期的形貌，因而这批文物殊为珍贵，其修复保护难度也十分巨大。

塔内大量写经书画已严重霉烂变质，纸张霉烂后所生成的灰黑色污渍与黄褐色泥土在暗龛与纸、绢残

图5　赣州博物馆在首都博物馆纺织品工作室交接验收文物

图8　王亚蓉、纪秀文检视纸、绢文物

图6　纸、绢文物开箱状态

图9　残片依类别先粗分拣

图7　王亚蓉、纪秀文检视纸、绢文物商讨修复技术路线

图10　再细分拣

图11　灰黑色污渍（病害一）

图13　残损板结（病害三）

图12　残片上污损皱折粉化（病害二）　　图14　纸制品内部霉腐严重（病害四）

图15　虫蛀严重（病害五）

图16　虫蛀病变

片混杂，还留有数块塌落的建筑残件。

这批重要绘画遗存的整理工作，不仅在传统书画修复界，以及国内考古学界，甚至于文物保护技术研究方面都是前所未有的。这是一项考古学、文物修复技术与中国绘画研究等多个学科共同参与的修复项目。

慈云寺塔出土纸本书画的修复工作与传统中国书画装裱修复技术有极大的差异。我国传统装裱技艺被大量用于传世书画文物修复，画作相对是完整的。慈云寺塔发现文物都是画作残件，因年代久远，保存又差，不仅满布虫蛀空洞与污垢，更因腐朽碎裂成众多小块，甚至严重粉化。发现时，大量的绘画、写经无序的搅结在一起。

书画的绢本用材料，多应用平纹绢织物。在我国科学考古出土文物中，有机质文物的出土一直非常稀有，而作为涵盖时代信息量大的书法、绘画作品更是难得。自20世纪湖南长沙马王堆1号汉墓出土著名的T型帛画以来，也只在辽宁法库叶茂台辽墓、山东明鲁荒王朱檀墓等少数墓葬中出土过少量的书画作品。

中国早期绘画载体，大多使用帛，目前已知较早的帛画有长沙子弹库出土人物御龙帛画、陈家大山墓出土的女

图17 《千佛名经》原状

人·凤鸟·龙纹帛画以及马王堆汉墓1号、3号墓出土的帛画。而已知存世最早的山水手卷，现藏北京故宫博物院的传世的隋展子虔《游春图》卷和北京故宫博物院藏唐周昉《挥扇仕女图》卷，所用材质为方平组织，织造为双经双纬结构。这都说明了我国早期书画多用织品作地。

而在此次慈云寺塔发现文物中，经过修复的绢本绘画非常精美，运笔洗练、造型准确，山水、人物无不细笔着绘，精益求精。绢本绘画更是与大量的木、经帙残件混在一起，粘连严重。

修复绢制供养画时，对选用之织物经过多次应用50倍显微镜检视，经鉴定此次发现的北宋早期供养画地属于桑蚕丝，确切地说应该是缣。

由文献中可知，缣大约起源于春秋时代，盛行于两汉。缣帛柔软轻便，宜于画图，故成为书画材料。《释名·释采帛》："缣，兼也，其丝细致，数兼于绢，染兼五色，细致不漏水也。"《说文》"缣，并丝缯也"；而《汉书·外戚传》亦注"缣，即今之绢也"。至五代到南宋时期的书画绢，较前代有了发展和变化。这批北宋供养画，除了单丝平纹绢外，还发现了用双丝缣作画的作品。这批画用的缣组织结构50倍显微镜检视，纬用双丝为一根，正附乐府诗之新人、故人、缣与素的比较——新人不如故。杨方《合欢诗五首·其一》中即有"衣用双丝绢，寝共无缝褥。居愿接膝坐，行愿携手趋"的诗句。美国波士顿美术馆藏北宋赵佶《天水摹张萱捣练图》卷，检视亦为绢本。而五代黄筌《写生珍禽图》卷的经线为双丝48根，纬线为单丝；宋代赵佶《祥龙石图》卷经线为双丝48根，纬线亦为单丝。

我们检测慈云寺绢本供养画后，发现基本是用缣托上薄薄命纸为地作画。五幅缣本供养画缣平均织物密度为：经向每厘米单丝98根，投影宽为0.1至0.13毫米无捻；纬向为每厘米双丝35根至56根，投影宽为0.2毫米无捻。

古人将缣熟化，再托裱于纸张之上，这就导致了缣本在黄檗、胶矾水、丹粉等书画缣熟化药剂的作用下与命纸纸药产生影响，也是最终造成缣本易老化、酥脆的因由。

1. 绢、纸残片拣选分类、拼对

面对这堆大小不等的缣本绘画残片，初始，我们利用考古学中的器物残片类型分类方法，如拼散乱杂碎陶片般将众多的残片经由材质、颜色等基础特点进行分类拣选，而后对这些经过分拣的纸绢类文物残片根据研究其画意再次拣选分类，将残片所遗存的线条与颜色逐渐分拣归属的碎片，再选取相近画意的拼对。这样，

图18 开封后纸、绢残片杂乱状态（一）

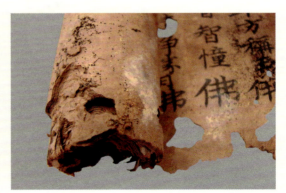

图19 开封后纸、绢残片杂乱状态（二）

图20 开封后纸、绢残片杂乱状态（三）

图21 开封后纸、绢残片杂乱状态（四）

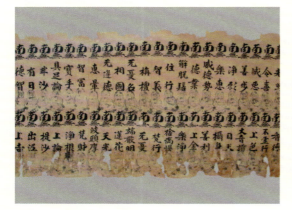

图22 校对后托好画心

图23 完成经卷

图24 上墙贴平画心

成百上千块的大小残片——分拣完成后，再逐张拼对成幅，托裱。

2. 借助单丝网加固技术

这种保存状况，迫使我们要借助一些非常规的修复手段做辅助，算是一种技术突破。传统揭裱修复中国绘画，主要是将残破的画心撤换背纸与镶料，并且将局部修复后再次托裱成一件完整的绘画。但这些需要文物的基本状况好一些，要相对完整属同一幅画。如果遇到一些比较残破的画心，就需要借用拷贝台等设备借辅助光源，应用透照过来的光线从背面看出画面的折损，依传统流程重新装裱。在慈云寺塔书画文物的修复上，因文物的破碎与混乱状态，一时难以动手。这批纸、绢质文物修复时，前期分选分类颇费工费时。首先，慈云寺塔文物的残破程度非常严重，绢本酥粉化极为严重。如果将拼对好的文物翻面覆在拷贝台上，很有可能造成将文物工作者千辛万苦拼对好的画意再次移动走形，这就无意中会增加修复的时间。面对糟朽的文物状态，如果强行运用常规拷贝参与修复，有可能会造成文物的二次损坏或效果不理想。

经过多次文物光学检

图25 众多残片——拼对，用桑蚕单丝网连接定型

图26 画心闷透后揭命纸，因残损重揭成泥状揭不成片状

图27 衬纸吸水排实

图28 破损处沿缺损边刮口

图29 依缺损轮廓引补

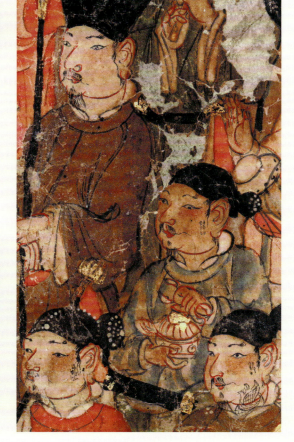

图30 贴折条，防止重新断裂

图31 个别处依画意稍微接笔全色

图32 供养画装裱完成后局部

视，我们反复商讨，在修复前充分认识了这批纸、绢质书画文物在材质上的一些特性：

（1）纸张纤维帚化现象明显；

（2）纸张熟化整治涂布工艺痕迹明显；

（3）纸张局部可见少量染潢痕迹。

这些特性有助于色彩的固定，致使千年之后当我们见到这批绘画残片时色彩依旧明亮鲜艳。但是大量运用的早期纸张熟化技术客观上却成了缩短文物寿命的成因，大量熟化过程中使用的胶矾水与丹粉加速了原有纸张的氧化过程，而多次熟化过程中的纤维束碾压也使大量纸质纤维在帚化现象产生后断裂。面对这批残片，我们实验选择桑蚕真丝网作辅助手段，完成加强劣变纸、绢的强度，使定型画面拼合的准确性更有把握，增加了画面拼合的精准度。这种辅助手段在我国古代出土绘画修复中的首次应用尝试，取得成功。

桑蚕单丝网+聚乙烯醇缩丁醛黏合剂加固技术是由中国社会科学院考古研究所自主研发的文物修复材

图33　大中祥符七年残件修复前　　　　　　　图34　大中祥符七年残件修复后

料，1969年曾首先应用在修复阿尔巴尼亚国宝金字和银字羊皮书圣经上，这是周恩来总理接的一项对外文物保护修复工作。1972年在湖南长沙马王堆1号、3号汉墓部分较脆弱的丝织品文物保护工作中，我们同样运用了桑蚕单丝网+聚乙烯醇缩丁醛黏合剂结合的加固技术，至今已四十多年，效果仍不错。一方面，桑蚕单丝网作为辅助手段，从画的正面将画面拼合定型，将画托裱完成后，再去除正面固形所用的丝网，保证了画面的完整性。另外，对两面均有字、画的文物，直接应用单丝网两面加固，保护完成后两面均可观看。

例如"大中祥符七年"纸质文物残片，若按照传统装裱方式，就必须牺牲一面墨迹来完成纸质文物托裱工作，但是运用了桑蚕单丝网+聚乙烯醇缩丁醛黏合剂的加固技术，就可以在不破坏文物质地、外观的基础之上，对文物强度进行加固保护，客观还原出土文物历史风貌。

如果说在新技术与新材料的运用上，我们把单丝网加固和传统装池结合，修复出土书画文物算是新尝试，那么这次赣州慈云寺塔文物修复工作，也是修复工作者一次多学科结合的"创新"。在着手进行纸张书画类文物修复工作之前，我们就拟定了此次文物修复工作安排。并且在修复残片过程中，秉承了"对散佚部分不再进行接笔，而是按照母本有规律的保留出来散佚部分的行款大小"的既定方针。在绘画局部全色上也做到了"不妄加、不多加、将修复颜色与原色进行人为区分"的修复原则，尽可能做到对文物的较小干预。

这次长达五年艰难的修复工作，各门类的修复专家，倾心努力完成工作。在文物验收的专家讨论会上，这项修复工作获得了高度的评价，出席会议的专家有王丹华、周宝中、杨泓、扬之水、王继胜等先生，还得到香港非物质文化遗产保护基金会发起人施珏女士的捐助。

考古学家宿白教授对这项工作给予特别的关心和鼓励，九十高龄的宿白教授在蔡敏先生陪同下，亲临我们的实验室，对这批文物的重要性给予我们具体的指点。工作结束后，老人家认真验看修复完成的纸、绢供养画，给予非常明确的意见："这批东西太重要了，很多东西看不明白，谁也别先下结论。公布所有材料，提供给大家认真研究。"

我有幸组织了这次大规模的修复保护"工程"，参与工作的所有人员的严肃认真和协作精神令人感动。中国国家博物馆赵家英、王赴朝、陈仲陶、孙振祥等人完成彩绘泥塑、木质造像的修复。由故宫博物院的纪秀文老师主持完成纸、绢类供养画和佛经卷的修复，首都博物馆纺织品保护工作室的傅萌、贾汀、张国英等人对纸、绢类文物初期的分拣、筛选、拼对工作也付出很多辛勤劳动。首都博物馆吕淑玲、赵立辉完成青瓷菩萨坐像的修复。这些专家们兢兢业业，大都工作了几十年，积累了丰富经验和深厚的功力，却从不张扬，追求名利，他们的出色能力是这次工作得以圆满完成的关键。实际上，参与这次工作的专家们有些已经退休，有些正要退休，他们一生都在这个"不可造次"、"不能创新"岗位上为文物的"回归"尽心努力，感谢他们对文物保护工作的重大贡献。

绘画·经卷

HUIHUA · JINGJUAN

1　GJ-01

缂本设色
尺寸：纵31.5厘米，横31.2厘米
织物密度：经线每厘米60根，纬线每厘米32根

本幅无款印。出土时残损严重，由画意拼对复原完成整幅。

是幅左侧绘一菩萨，头戴化佛宝冠，身披彩衣璎珞，结跏趺坐于重瓣仰莲座上。菩萨身后宝光俱现，身光自内向外作蓝、黄、红、青、绿五色彩环层层相套，类彩织退晕现五色光晕。重瓣仰莲台下两朵云气升发，云头作骨朵状。右侧残存山水人物图像。其间山石作曲折笔法勾勒轮廓，再以宽阔笔路侧卧点赭色晕染，山石表面以短条皴法表现肌理。山水中断落细笔点粉人物一对，右侧人物头戴小冠，着软甲，脚蹬长靴，右手指向左侧人物。左侧人物着白色开裆袍，双手合十呈弓背行礼状，脚前可见一白色包袱，似表现观音经变故事中商人遇盗情节。本幅人物小巧，仅作点景交代之用，却于细节处勾画二者神情，铺陈故事情节。足见北宋写生写实的绘事风格。

GJ-01　局部二

◀ GJ-01　局部一

2 GJ-02

缂本设色
尺寸：纵59.8厘米，横33.2厘米
织物密度：经线每厘米60根，纬线每厘米56根

　　此像绘北方多闻天王，发现时板结卷曲成棒，右侧腐朽，仅剩左侧图像。整幅画意上下栏完整，于画心内饰一须眉英武、张口吞云的天王像。天王头戴宝冠、上饰火珠，朱口丹眼，须髯毕现，身着护膊饰犬首吞口两当甲，腰系捍腰，内着袴褶服，右手持长勾大戟。

　　此像绘制精美，用色华丽繁复，虽历经多年绢本老化褪色，依然熠熠生辉。此作于护肩、褶皱等细部上多用丹粉顶色，全轴衣带飞动、云气生发，细如游丝的线条中充满动感。

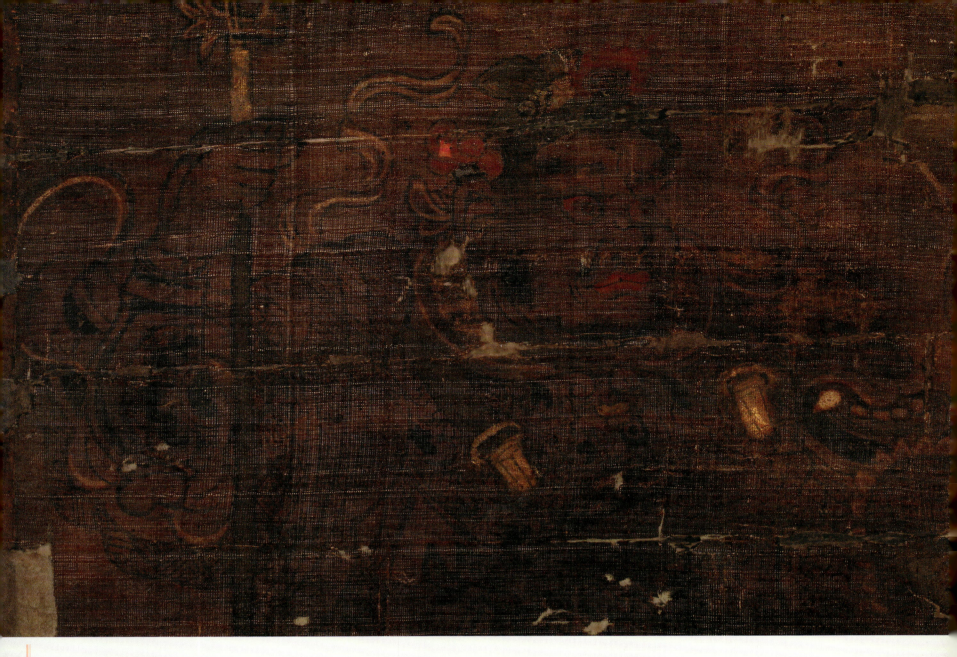

GJ-02　局部一

3 GJ-03

缂本设色
尺寸：纵62厘米，横34.5厘米
织物密度：经线每厘米72根，纬线每厘米48根

此轴画像内置宴饮场景。围绕一饰有缥地植物纹样桌帷的圆桌团坐三人。桌上满是珍馐美馔，觥筹交错，其中可识凳头、托盏、果盘、鸡只等。图中左侧人物残损，右侧人物头戴展脚幞头，着赭色圆领长袍，双手执笏。中间人物似地位高贵，头戴展脚幞头，着赤色圆领长袍。在这一场景之后，设一巨型三折山水屏风，其上山峦高耸，平渚远水，水墨技法中点景青绿设色，一行归雁自右侧半折屏风扶摇直上，云霭高远。屏风正上饰华盖一顶，满饰各色团窠花卉，中心坠一宝珠，盖弓缘垂各色百宝带随风飘动。画轴近景留白处间作金银锭、宝珠、火珠等宝物。

GJ-03　局部二

4　GJ-04

缂本设色
尺寸：纵58厘米，横37.4厘米
织物密度：经线每厘米40根，纬线每厘米36根

本幅经修复，可还原一完整画意山水人物图轴，虽局部已散佚，主体内容却相对完好。图中近景向中景过渡作巨障溪谷，中景大山堂堂，山头与山坳处以细笔绘茂密修竹及参天古木点景，其间水口百转千回。是帧左下角着重描绘近景人物，一男性人物由二女仙搀扶出山。男子开脸高古，头戴冠冕，玉河带随风飘起，身着金色忍冬纹滚缘直领广袖袍。旁二女仙头梳双髻，外罩金色忍冬纹滚缘直领广袖袍，内着素色裳，并有帛带勒于上。画面上部天际留白，七位女仙与一星官结成斗宿状位列其间。女仙皆缓鬟披发，外着深色滚缘素色广袖直领袍，内着白色长裙，脚穿红色尖头履。七仙中右二女仙身后，随侍一着红色圆领开裤袍、黑带皂靴的小星官，惜面部漫漶不清。

此帧山水取法高古，人物绘画技法高超，衣纹细腻，画法古拙，且细部处填粉帖金，近景人物比例较山川略显高大，细劲的线条塑造人物形象，线条纯熟，富有变化和表现力；设色浓重、鲜艳，是一幅出色的工笔重彩人物画作品。

GJ-04 局部三

5 GJ-05

缂本设色

尺寸：纵54.7厘米，横25.5厘米

本幅绘文殊菩萨像一铺。画幅上部彩帷呈经幡帷幕状，下坠一由宝花剑带相互绞结而成的蔓草华盖。文殊菩萨神态端详，结跏趺坐于狮子莲台之上。座前童子一对，左侧童子双手合十，披帛环臂；右侧童子神形俱全，头饰发髻，双手合十躬身回首，彩帛围绕飞舞其间。

缂本设色

尺寸：纵54.7厘米，横25.5厘米

GJ-05 局部一

47

6 GZ-01

纸本水墨
尺寸：纵29厘米，横17.6厘米

是幅残损严重，仅于右上部残存墨迹"太上灵宝小儿崔生□"，最后一字散佚不识。整幅中央以一笔贯通全景，行笔婉转曲折，似今草飞白笔意。

纸本染潢，右上侧残存手绘乌丝栏墨线数道，与本幅尺寸结合，推想原为手卷右侧题头开卷，故其为版框痕迹，纸后应有行文若干。图中所言《灵宝经》为唐代始盛行的道教经典。

7 GZ-02

纸本设色
尺寸：纵27厘米，横28.4厘米

　　本幅残损严重，仅存室内构件、桌帷、人物局部。淡红色帷桌置青色深腹碗一对、白色敞口盘一只、白色香炉一及青色镟一件，桌帷青色，上有赤黄色阑一道。围坐桌旁人物局部现可辨识八人。画幅左下二吏，头戴展脚幞头，身穿青色或棕色圆领敞袖长袍，双手执笏。右下二吏与其相对，衣着近似，右一者着赤黄色长袍。帷桌左侧仅见一女性残像，可识红色白花披帛一件。右侧相对处可见一袖手女子，着白地赭花直领敞袖衫，外披赤黄地白花披帛。下方残存一人物着青衣，扠手而立。帷桌上部仅存右侧男性人物残像，身着赤黄色圆领敞袖袍，袖口露白色窄袖襦，双手执笏于胸前。主景人物后有一赤红色木质构件图像，推测为一屏风局部。

8 GZ-03

纸本设色
尺寸：纵46.5厘米，横31.6厘米

　　本轴仅存黑色画界上襕，其下描绘三人围桌而坐的场景。帷桌上现存清供两件，高足碗及香炉各一。桌帷赤黄色，以凹凸法作布纹褶皱，上阑饰蓝地赤黄色曲折纹样。围坐桌侧及后三人。左侧人物头戴黑色幞头，身着杏黄色圆领长袍，服赤黄色带，双手呈扠手状。身后座椅披赤黄地水纹椅披，露羊角状搭脑。右侧人物服绿袍，眉清目秀，与左侧人物相应对称，袖口处露白色中单，同作扠手状。中心人物正襟危坐，须眉毕现，描绘细致。头戴黑色幞头，着红色圆领长袍，服黑带。座椅披靛色剪边湖青色椅披露搭脑。居中男子头顶宝盖，赤黄色宝盖中心坠一摩尼宝珠，四周悬赤黄、苍、黑、白等色流苏状裙沿，上饰白色珠花。

9 GZ-04

纸本设色
尺寸：纵46.8厘米，横32.2厘米

是幅残损严重，通过修复仅存画界下褴。此帧以赤黄色弦纹为界，上存军戎甲士四人围石而坐，石上置香炉。这些军士头戴幞头，外包抹额，额点团花纹。上身皆着圆领襦衫，外佩两当，小臂皆配护膊，腰身侧出加围卷草纹护腰一对，腰间坠云头形护裆，外束勒帛。军士皆下身着本色裤如漆裤，两黄色帛带自然下垂，脚蹬毡靴。毡靴下留有青色蹬带，内服青色吊敦。人物手持长剑指天，身座、脚踏皆为青绿岩石，其画法颇为特殊。山石立面以中锋行笔，局部顺势间以侧锋白色横点表现阴阳肌理，足见早期皴法未形成完整定式。岩石下杂草丛生，似信手而作却颇具动感。画心正中武将左手持碗，身下垫虎皮，描绘细致，与其他人物较为不同。

10　GZ-05

纸本设色
尺寸：纵49.8厘米，横31.7厘米

　　是幅右侧大半残缺，左侧相对完整。中心人物为一女性形象。女子头绾博鬓峨髻，头面正中插篦，两侧簪花胜一对，赭面妆额饰花钿，内着油绿色长裙以赤黄地卷草花锦束勒，两条长长的帛带自然下垂。外罩明黄地宝花直领敞袖襦衫，并以菱形纹样红色织锦滚领缘、袖缘。脚登白色尖角鞋，左腿上盘坐于椅上，前置一双壶门脚踏。其后二执扇侍女，头饰珠络，鬓压花胜，面涂赭妆，额饰花钿，内着素地菱形纹长裙，外罩缥色直领长袍，双手执绛地宝花团扇一柄。画面左上胡人着白色深衣，双手捧一金盘欲献于女子，盘中置宝珠一枚。胡人下方男子着油绿敞袖开裤袍，头戴黑色幞头，腰系赤黄色宝带，双手正展开一手卷诵读。画面左下角另有人物二，漫漶不清。满地留白杂饰宝珠、金银锭、象牙、火珠等宝物。

11 GZ-06

纸本设色
尺寸：纵29.4厘米，横22.2厘米

是幅出土时碎为若干片，经抢救修复还原部分画意，现仅存右上方建筑构件与近景人物图像。

画心左下侧残存女性头部图像，躯干缺损，仅能识别女子眉眼，梳椎髻。中一童子托包袱图像较完整，童子着素色圆领袍，肩披彩帛，头顶以红色帛带束一小发髻，两鬓丫髻。右侧人物漫漶不清，仅能识出眉眼与素色软脚幞头一顶。画面右上所绘建筑图像为赤黄色枋木，其中可见一结跏趺坐人物腿部束裙，似为伽蓝内数尊坐佛形貌。

12 GZ-07

纸本设色
尺寸：纵37厘米，横24.4厘米

　　是幅残损，仅存右侧图像。图中三人围坐一方形帷桌。左侧一人仅剩脚部图像，穿线鞋。中间人像头戴宝冠，白色帛带如凤翅般缠绕于两鬓，窄脚帛带由脑后垂下，绿色带脚下收。此人面部清秀，展眉丹唇，八字胡清晰可见，外着赤黄色圆领袍，内服杏黄色圆领襦衫，双手执笏，口中念念有词。右侧人像侧坐一饰繁复彩帏的绣墩，头戴宝冠，面容清秀，身着褐色圆领长袍，内着赤黄色菱形花衫，袍服开胯处露白色裤装，脚穿线鞋。帷桌之上置高足莲花炉一件，旁侍一对高足碗。此画幅虽笔法简单朴拙，却于细节处做凹凸晕染设色，色彩明艳对比强烈，体现北宋绘画技法的师承发展脉络。

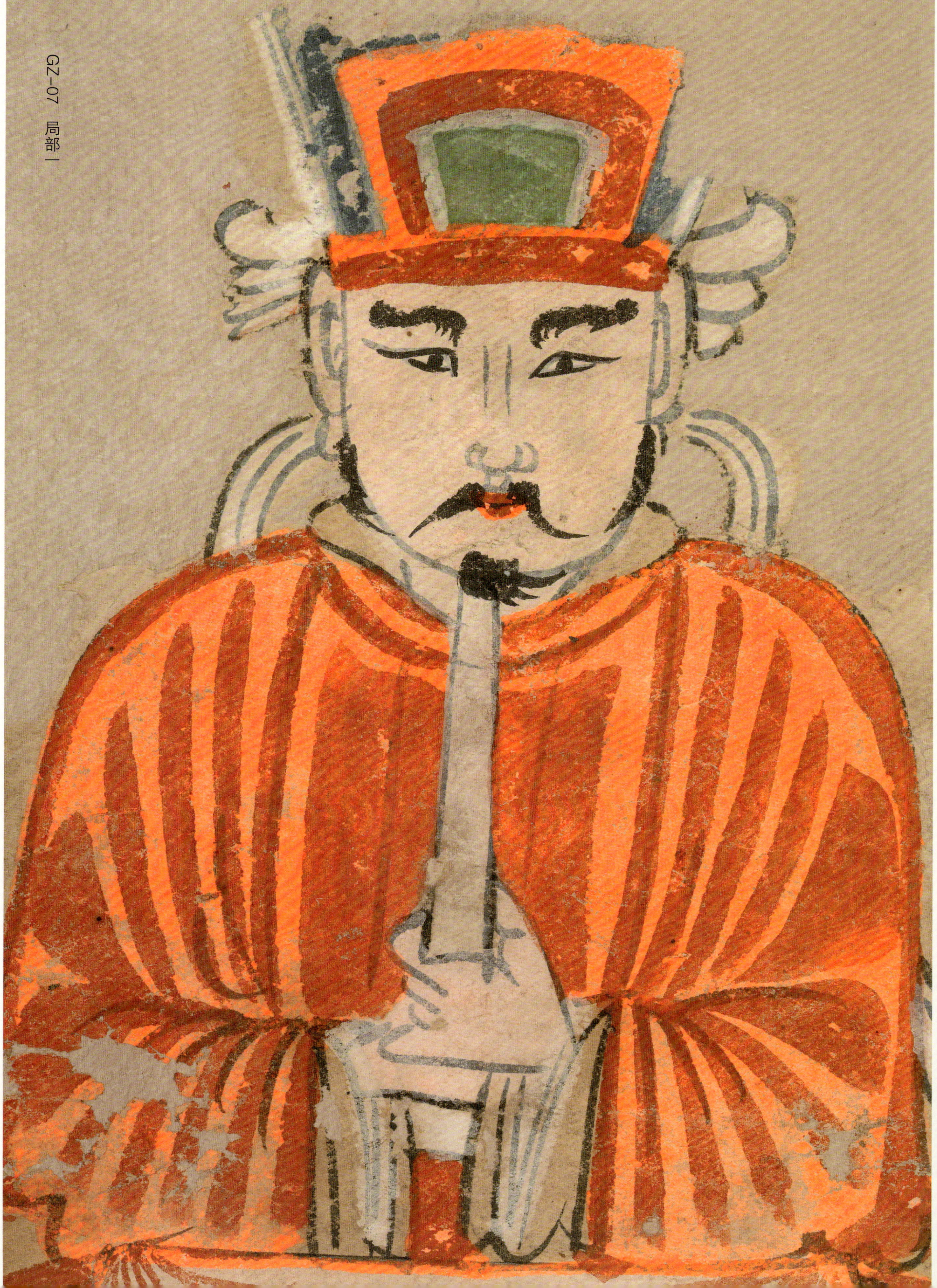

GZ-07 局部一

13 GZ-08

纸本设色
尺寸：纵29.7厘米，横26.6厘米

　　本幅斗方作山花树石，画面尚存成年男女一对、童子一对，图像相对完整。斗方左侧成年女性与女童保存较好，成年女子峨髻簪花，柳眉凤眼，外着青缘朱色星点地圆领长袖袍，内着赭色袒胸襦，赭色披帛。前方女童细眼朱唇，着交领长袍，腰束帛带，内衬袴褶，脚蹬红色敞口履。相向而对为一成年男子与一男童。惜男子面目散佚，仅识赭色圆领袍，双手于胸前执叉手礼。前方男童面目可爱，头戴高冠簪花，外着青色圆领窄袖袍，内衬黄色膝襕红色短衫，双手执叉手礼。两组人物中间一帷桌置托盏一，高脚盘一对，果盒一对。帷桌后为山石花树图景，以中锋行曲折笔法作山石肌理，较简率落笔点花亦繁亦简，对比强烈，生动圆润，极富特点。

GZ-08 局部四

◀ GZ-08 局部三

14　GZ-09

纸本设色
尺寸：纵38厘米，横27.9厘米

画幅左侧图像缺失较严重。画本绘围桌对坐人物三，右二人物保存较为完整。左侧人物可识赭袍赤带，内服赤黄间色短衫（一作凹凸晕染说，开叉以凹凸晕染法表服饰褶皱质感）。右侧人物头戴展脚幞头，着褐色圆领开袴袍，双手在胸前执叉手状坐一圆凳上。中间人物正面画外，头戴黑色展脚幞头，身穿赤黄色圆领袍，双手亦作叉手礼。围桌饰重叠彩帷，上置华盖香炉一、高足盘二。人物上方饰一华盖，画家以色彩平涂方式表现层层退晕的伞盖主体与宝珠、彩带等装饰。

GZ-09　局部一

15 GZ-10

纸本设色
尺寸：纵36.2厘米，横26厘米

　　是幅绘画南方增长天王像。画面残损严重，仅存增长天王躯干上部与一旁侍。天王身披铠甲，外罩绣衫，作"衷甲"制（见《资治通鉴·汉献帝初平三年》胡三省注）。据载，南方增长天王是佛教十二诸天的第一重天，率诸鸠盘茶(雍形鬼)、薛荔(饿鬼)等主守南方阎浮提洲。那么，天王身旁那个红发虎裘的旁侍便是诸鬼形象。图中天王手持宝剑，张口瞪眼，眉目英武，头冠所饰宝珠烈火熊熊，彩带及头光也似火光，映照相对。护膊着赤黄色锁子甲，前作一对宽大敞袖。本幅于点景处多以菱形金箔帖覆，尤其在衣物上扬处做褶皱处理，更显图像熠熠生辉。

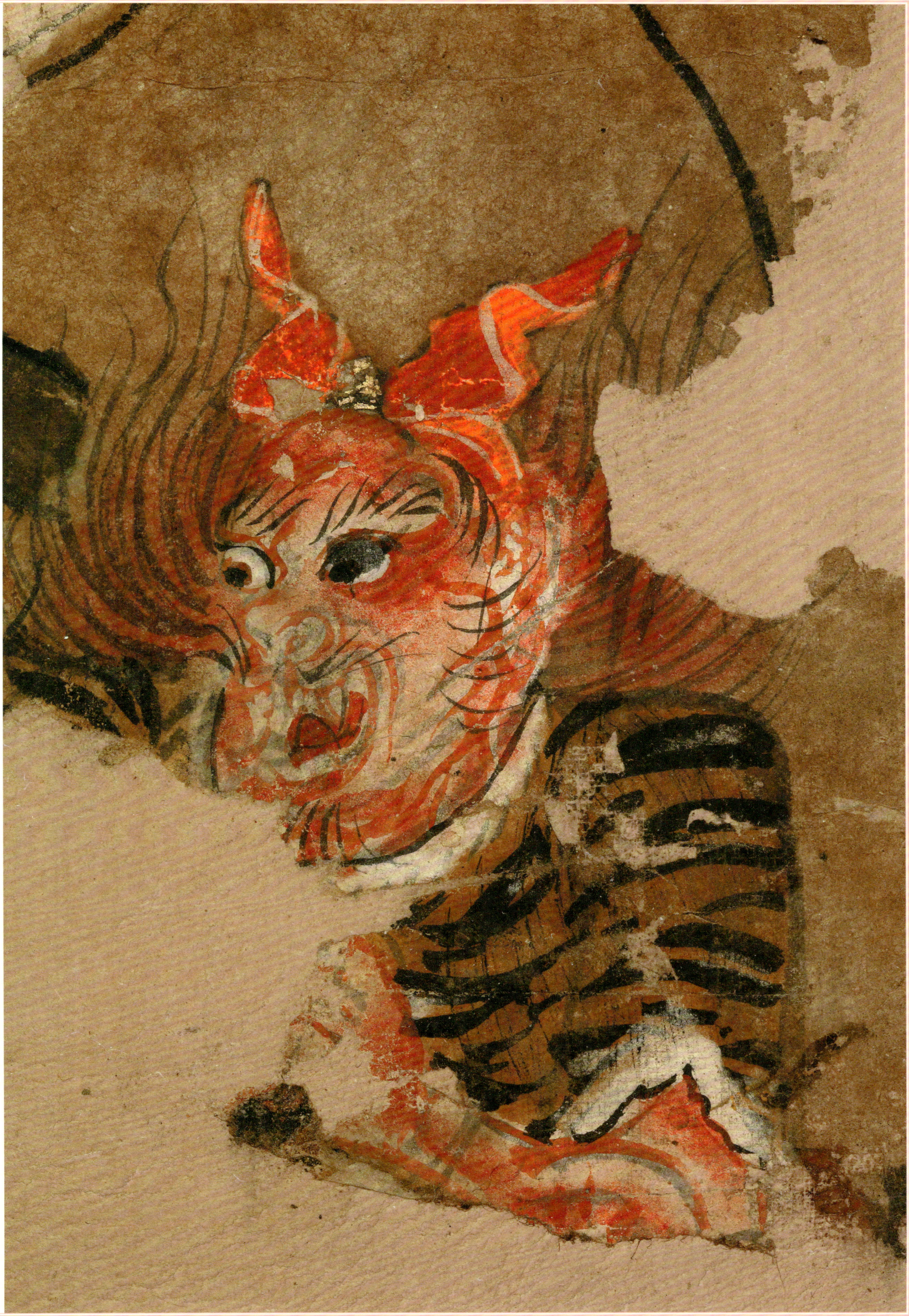

GZ-10 局部二

16 GZ-11

纸本设色

尺寸：纵53厘米，横31.2厘米

　　本幅布局作对轴。左侧为一男子图像端坐于帷桌之后，背置三折朱樗山水屏风，上支华盖。伴侍左右童子一对，左侧面部漫漶，仅识油绿色窄袖开裤袍，双手执一筒状物；右侧童子发髻垂髫，身着红色圆领窄袖袍，上饰困花蔓草，服黑带，蹬尖头履。

　　右侧画幅以一女性为中心，头饰华胜，额点花钿，项坠珠串，着绿色横腰裙，外罩黄色直领袍，红色披帛结于胸，右手持墨笔。其后侍童子一对，男童红袍黑带，头戴高冠，手执一温碗，内有一白色长颈瓶吐出彩气连连；右侧执扇女童头扎三丫髻，着红色直领袍，内服蓝色襦。后一素屏饰青色屏额、榑柱，旁有"三四五六"题榜。远景作飞檐半堵，数道彩云喷涌而出。女性身边一胡人，高鼻螺发，着白色圆领窄袖袍，脚蹬毡靴，外披彩帛，手执一水晶碗，正欲献宝珠给画中女子。女子身前置一帷桌，上置箕形砚、笔架与半开合手卷。桌前右侧作一文吏，头戴幞头，身着绿色圆领敞袖袍，双手执一手卷作诵念状。画面最下方有二人，似在水盆中洗捞钱串。左侧人物峨冠白衣，满身饰钱文，袒胸露胳；右侧人物赤膊纹身，呈跪地洗钱状。满地间饰金银锭等宝物。

GZ-11　局部四

17 GZ-12

纸本设色
尺寸：纵54.2厘米，横36.8厘米

此轴保存完整，整个图像被置于饰有卷草花纹的帷幕之中，悬垂青色组绶。《周礼·天官·幕人》载："幕人掌帷幕亦巾绶之事"，帷幕即当如此。坐于帷桌之后的主位人物为一头戴高冠，双手执笏，着绿缘红地直领敞袖袍，裳结大带的人物形象。于帷桌两侧各有童子一人，衣着近似，均身着直领广袖袍，内着素色裳，腰下围蔽膝，脚蹬瓦头履。帷桌上置供器三件，彩帷饰花鸟纹样。背景为一带有三壶门的架子床，其上饰山水屏风一面，下饰苇席床面。画面人物，有目无睛，其意不明。

GZ-12　局部一

GZ-12　局部二　▶

18 GZ-13

纸本设色
尺寸：纵26.5厘米，横36.1厘米

此图残损严重，经修复后得到一局部图像。画面作一佛二僧侍图像，于正面上方仅残留一面朝前的三兽首足凭几一座，其后

为一着田相衣的佛坐像，惜散佚严重，造像内容不可知。造像前设帷桌一，左右各一弟子。二弟子一双手合十，另一手持净瓶，肩搭长巾，样貌端详，正虔诚礼佛。

19 GZ-14

纸本设色
尺寸：纵33.9厘米，横21.4厘米

是幅菩萨坐于束腰莲台，右下侧有一童子协侍。菩萨外披网络天衣，左手施安慰印，左脚半盘，右脚踏于小莲台上。其下一童子，手持曲流注子，周身披帛。本画于菩萨宝络、臂钏、童子披帛等细处以金箔装饰，令法衣色彩斑斓、于观者眼中熠熠生辉。莲座线条勾勒工细，以重彩层层晕染，显现出浓艳而沉稳的品质，这种绘画处理手法于敦煌绘画遗珍中较为习见。

20 GZ-15

纸本设色
尺寸：纵44.7厘米，横35.5厘米

是幅以亭阁为骨，内坐仕女三人。居中仕女头梳峨髻，满饰珠花钗佃，柳眉丹唇，面涂赭妆，外着白地朵花纹直领敞袖袍，并以赤黄地绦饰领、袖缘，内服青地袒胸襦，外披赤红地方胜纹披帛。左右两侧仕女依样描画，下裳露青色裙缘，脚蹬赤黄色瓦头履。三女子围坐一重幔帷桌旁，上置敞口深腹形器一，旁置白瓷斗笠碗一对。居中人物背后设屏风一堵，上饰波涛水纹形式极其特殊。以细笔侧锋描绘水波阑珊，间以水墨平行涂擦作层层渲染。亭阁之后略露芭蕉树石。

21 GZ-16

纸本设色
尺寸：纵50.2厘米，横32.3厘米

　　帷幕内正坐男女一对、对坐男女一对与男女童子一对，图像相对完整。斗方左侧成年女子正坐面朝画外，峨髻簪花，柳眉凤眼，额点花钿，外着青缘朱色星点地圆领长袖长袍。前方残存一对坐女子像，面部散佚严重，仅识白地朱缘广袖袍与青地长裙。前方女童细眼朱唇、发饰不清，着交领长袍，腰束帛带。相向而对为一正面成年男子像。男子面容英俊，头戴宝冠，似幅巾簪花，着赤色圆领袍，双手于胸前执扠手礼。前方男子形象散佚，仅剩一簪花幞头，勒赤带。前方壶门折台下有一男童，面目可爱，头戴高冠，外罩青色圆领窄袖袍，内衬黄色膝襕红色短衫，双手捧一温碗内置绞胎长颈注壶。左右两组人物中间一帷桌上散置果盘、水碗。帷桌后为山石花树图景，以中锋曲折行笔烘染山石肌理，层层递进。满地散落宝珠、金银锭等宝物，更为宗教绘画常见体裁。

22 GZ-17

纸本设色
尺寸：纵51.1厘米，横32.4厘米

　　是幅绘天像图景。图画上部作斗宿七星图，取菱形金箔贴绘北斗七星与小卫星，再以红色细笔绘出间架图像。下部近景饰鹤腿桌子一，有横枨，朱色方角桌面上置金香炉一，伴高足铺一对。其后绘背发缓髻仕女七人，双手执笏。此七女均着白色交领广袖长袍，领缘间饰金箔，内服红色领巾，下着白色长裙，脚蹬红色方头履。其最右侧为一头戴幞头，红袍黑带，双手执笏的星官一人。此七仕女与星官大小排布，似与上方斗宿有一定关系，或为人物化之星宿图像。

GZ-17 局部一

GZ-17 局部二 ▶

113

GZ-17　局部三

23　GZ-18

纸本设色
尺寸：纵71.1厘米，横31.8厘米

是幅具款印，本幅于山水之中主景绘开明禅师像。本幅款设左右两侧涂红界阑内，左侧漫漶不清，右侧可识"衢州乌巨山开明禅师寿年壹伯壹拾三岁"。前景绘开明禅师结跏趺坐于束腰云台上。禅师头戴皂色风帽，面容端详，身披灰色法衣，庄严素雅。左右宝塔灯树，前置一重叠帷桌，上饰香供三件。右侧一弟子上手合十，虔诚礼拜上师。禅师身后置广袤山川，日月同辉，雀鸟皆衔宝花来贺。

据《十国春秋》《五灯会元》等记载，开明禅师仪晏，湖州许氏子。生于唐乾符三年（876年），卒于宋淳化元年（990年），寿115岁。端拱初，宋太宗曾诏入对。由题款可推此像作于宋太宗端拱元年，即988年。

饒州鳥巨山開明禪師書

軒壹佰壹拾柒幀捌

衢州烏巨山開明禪師壽

年壹伯壹歲合叁歲

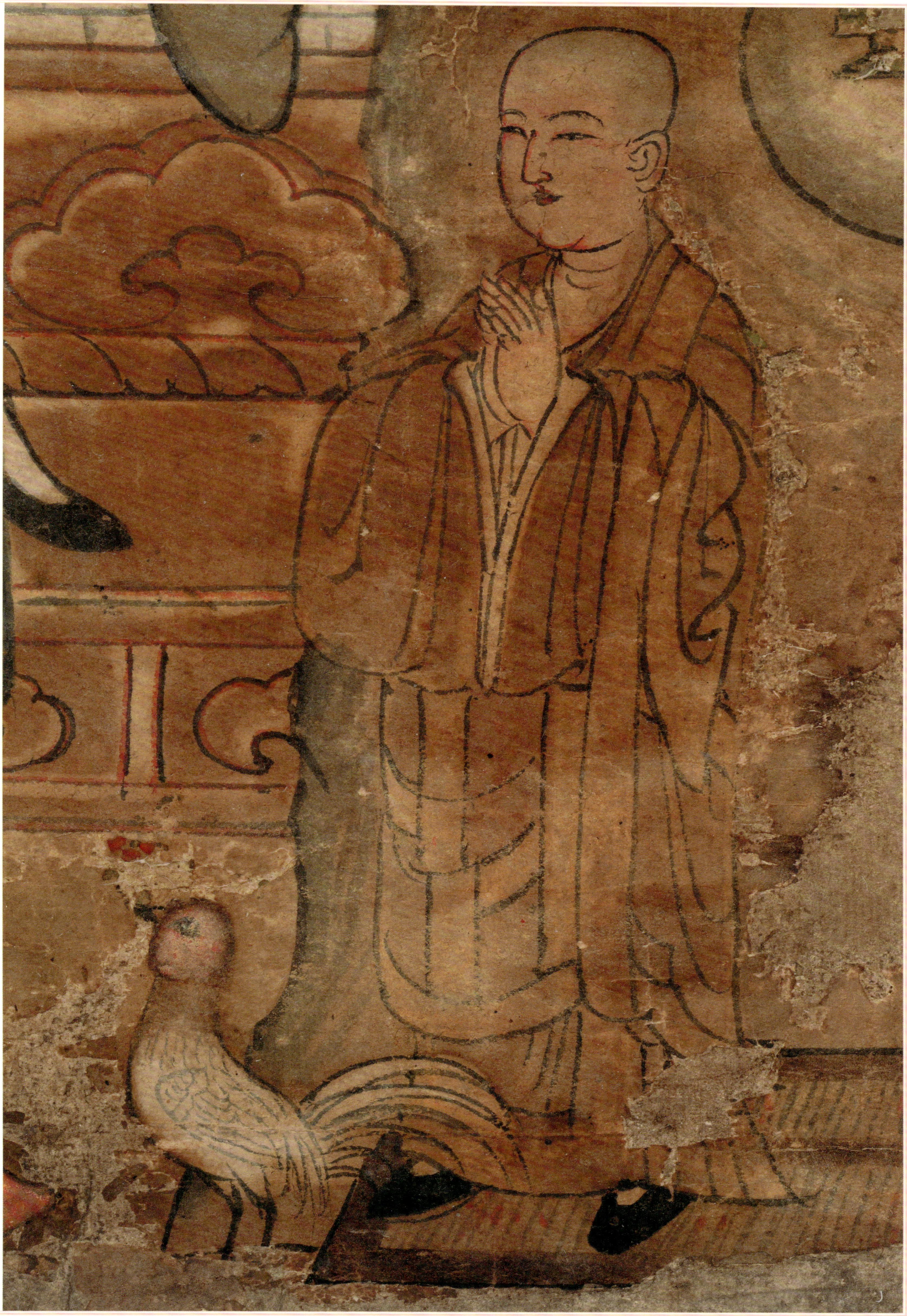

GZ–18 局部四

纸本设色

尺寸：纵62.7厘米，横34厘米

　　此画上下留白作本纸诗堂，上诗堂款"具下降日：／正月六日九日；／二月五日八日；／三月三日六日；／四月廿五日廿八日；／五月廿四日廿七日；／六月廿三日廿六日；／七月廿三日廿七日；／八月廿七日三十日；／九月十七日二十日；／十月十三日十六日；／十一月十二日十五日；／十二月十一日十四日。／右件使者下降／之日，不得炼油，／煮炙鱼肉，只／宜烧香供养／庆赞。讫。谨题。"下诗堂亦落长款："按《灵严大圣赞》／云：昔有商人胡弘，家／有九十余口染患／瘟疾，写／大圣真容供养，／患人尽皆而起。缘／于越中人民，悉／皆敢仰，后传于／世，供养不绝。兼／述大圣□帛／先生经云每月／天符七十二瞭行／瘟使下降之日，／香茶供养，愿免／瘟黄灾瘴，乞保／平安。大中祥符六年／三月二十九日庚申，／信受弟子徐熙／及妻黄三娘家□／收赎在家供养。"

　　是幅描画五方使者礼拜一罗汉样貌使者。罗汉样使者身着田相衣，高鼻神目，如五代西蜀禅月大师贯修笔下的西域罗汉。其上方题签散佚，仅存"苏"一字。右侧五位使者，分别题"北方使者"、"西方使者"、"中使者"、"东方使者"及"南方使者"，其中一使者执扇，他人作双手合十状。由题记来看，当为消除瘟疫灾祸的使者供养画。

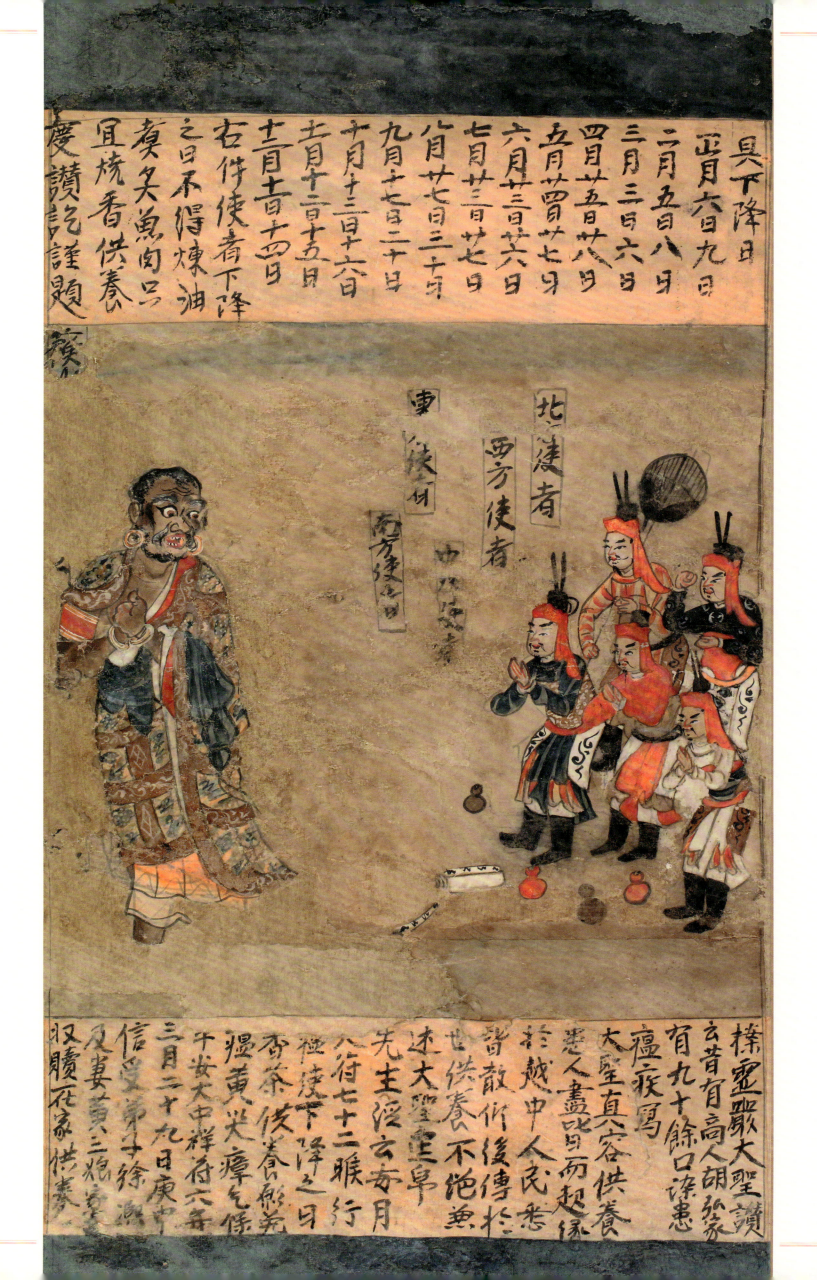

25 GZ-20

纸本设色
尺寸：纵64.7厘米，横44.1厘米

是幅人物众多、层次分明、场景宏大。前景二吏守门，服巾帻着褶袴。场景向内延伸，中景处庭院围筵。众人分置左右，中心留白绘一长袖善舞男倌。舞人首服幞头，身穿赤色圆领窄袖袍，内衬长衫，黑带皂靴，面部表情夸张，似戴一傩戏面具。周遭众人，头饰幞头，或以幅巾裹头，或服纱冠，手执以鞭、弓、殳、伞等物，间以牵马者。

右侧上部人物多乐伎，手持短笛、大鼓、磬、腰鼓、方响等。主景中央绘一巨幅三折山水屏风，前坐三人，面置围桌。桌上杯盏琳琅、觥筹交错。三人均服展脚幞头，圆领广袖长袍，面容英武，局部描红，更显地位尊贵。两侧二使者立于廊上，躬身抆手，虔诚相立。飞梁后设两堵帷帐，似为院墙透视变形表现空间纵深而作，其间现数道宝光、宝珠、金银锭等物。此作绘制精细，于金属器物如带扣、屏风柱枋、马头节约等细节处点金箔装饰，目光所及熠熠生辉。

值得注意的是，其中一些点景人物面部、颈部似以墨做纹饰。

此作人物造型准确，比例得当，主要人物相对较大以表现其重要地位。树木绘画多以填色，不做过多皴擦。

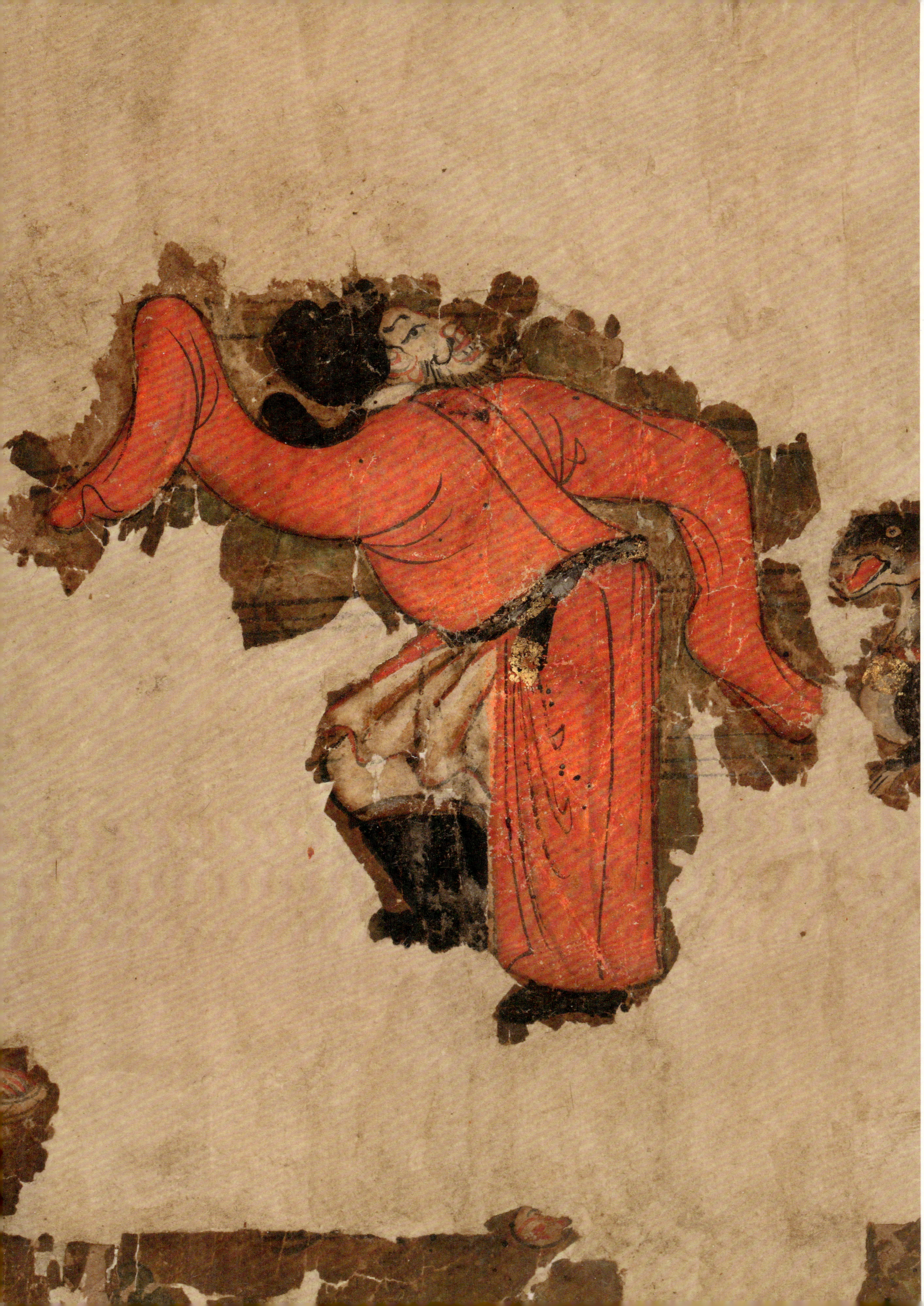

GZ-20 局部一

26 GZ-21

纸本设色
尺寸：纵54厘米，横41.5厘米

　　此画所绘帷桌后主体人物三尊，前侍弟子二对、护法一对。帷桌后坐人物三尊，束发垂须，仅左侧人物头戴莲花小冠，身着交领广袖长袍，内服下裳曳地，各扶于凭几之上。三尊所坐平台仅剩左侧人物之方形台面，但于帷桌处比例来看，台下应有重沿底座。前方二执笏弟子相向而立，着交领广袖袍，头戴青色莲花小冠。前方二童子样貌弟子相向袖手而立，头似帼髻，外着直领广袖袍，内着袒胸襦，下服护腰，长裙曳地。此二人妆容特殊，似半月形红厣，于额、鼻、腮着白粉做三白画样。前方二护法，右侧散佚，仅腹甲可识；左侧武将火焰褐髯，面容英武，头戴小冠，手执长剑，着两当甲，捍腰配护腰一对。此帧人物描红点粉，技法高古，从其中可窥早期人物绘画端倪。

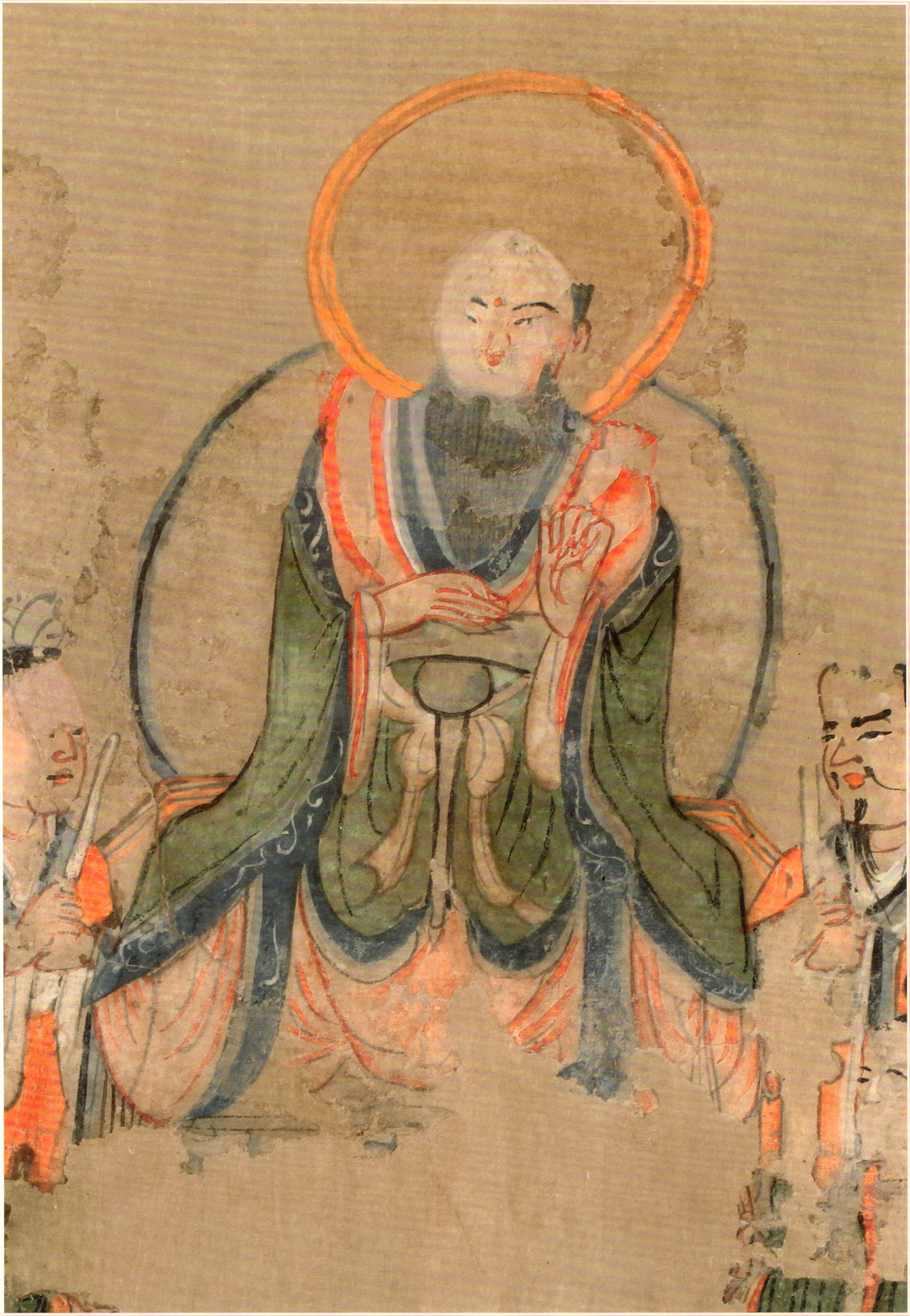

GZ-21 局部二

27 GZ-22

纸本设色
尺寸：纵50.4厘米，横32厘米

本幅绘白衣观音一具，执荷童子一尊。观音峨髻簪花，外披白色青缘透纱，着交领长袖青缘白衣，内服赤黄色襦，下着围腰白裙，腰束白色帛带，赤脚立于祥云之上。顶上附宝盖一具，四角与中心缀百宝梵带。观音左下侧存一较完整执荷童子图像，童子朱唇丹口，面目清秀可人，颈戴白色项圈，双手腕部皆饰银色臂钏，上身裹褐色包肚，腰束勒帛，脚蹬白袜，小腿上缠红色胫衣，手执红莲一束。画面左侧残存一童子面目，惜身体不存，仅识背后花卉图案。

28 GZ-23

纸本设色
尺寸：纵46厘米，横32.2厘米

　　是幅残存男性官吏五人，绘画精美，由布局推断当为大幅图轴局部。画面中心人物头戴展脚幞头，眉目绘画极精致，身着褐色圆领敞袖袍，内服白色中单，执笏手礼。此人前方设一重襕帷案，淡红色案上供器三具，下饰绿色四瓣菱形凹凸曲水花重襕，下缀青色多褶案裙，赤黄色重裙上饰折纸蔓草花卉纹样。背后旒旗色彩鲜明，图案优美。右侧二吏头戴镶珠头巾及嵌珠高冠，均着勒帛包肚，肩扛长枪。画面左侧前方为一文官样貌侍者，头戴展脚幞头，外着绿色圆领平袖袍，内服白色中单，赤带皂靴，执笏手礼。左侧后方亦为一朵花包肚侍者。

29　GZ-24

纸本设色

GZ-24-1
尺寸：纵25.8厘米，横26.4厘米
南方增长天王残像。

GZ-24-2
尺寸：纵21厘米，横27.6厘米
仅存一军士躯干、佛二尊、菩萨一尊、使者一组，从布局上看似为经变图像局部。二尊坐佛结跏趺坐于莲台之上，身披赤黄色交领僧袍，其后宝光重晕。菩萨缓鬓披发，双臂宝钏，赤身外披红色天衣。军士着两当甲，外束一对对鸾纹护腰。

GZ-24-3

尺寸：纵21.5厘米，横27.2厘米

二吏守门残图，二吏相向而立，身着素色圆领窄袖开袴袍，叉手执棒，赤带白靴。所示界画阁楼，似一庭院正门之外景。

GZ-24-4

尺寸：纵24.3厘米，横27.9厘米

本画发现时残损严重，经揭取拼对获得残片若干。图中三人围坐一处，帷桌之上现清供四件。三人均双手执笏，头戴高冠，身穿赤黄色圆领广袖开袴袍，内服褐色中单，腰束青色勒帛，坐于重围绣墩之上。

二吏守门残图，二吏相向而立，身着素色圆领窄袖开袴袍，叉手执棒，赤带白靴。所示界画阁楼，似一庭院正门之外景。

GZ-24-5

尺寸：纵26.3厘米，横25.2厘米

本页仅存女性人物一组，背衬山花树石，前有帷桌相衬，可见原画右侧相对应为一组男性人物。虽画意残损，绘事却殊为细致。本幅右上一女子，头戴团冠，外插梳篦花胜，身披赤地青缘交领敞袖袍，内服素色交领中衣，袖手而坐。其右前方有一女童，双手捧一花包袱，发髻似云朵，外罩素地团花交领广袖开袴袍，脚蹬红履。其后女性侍者与女童服饰近似。此组人物衣装逦迤，虽简笔而绘仍色彩斑斓，殊为可爱。

GZ-24-6

尺寸：纵22厘米，横26.1厘米

本帧绘男性人物一组，背景为色彩殊为绚丽的彩旒旗，其中人物头戴黑色幞头，面容清秀，着褐色圆领袍，内服素色中单，袖手而对。其左右一对小吏，头包巾帻，肩抵彩旒旗杆，描绘殊为细致。

GZ-24-7

尺寸：纵25.7厘米，横31.2厘米

图中存一重幔帷桌，上置清供。左侧可见一身着青地敞袖开袴袍的男子形象，服赤带；右侧一小吏执杖相对，着赤黄色圆领窄袖开袴袍，内服素色中单，下露百褶。是幅仅存双套下襕，可见当时整幅画面如画屏般经营布局。

30 GZ-25

纸本设色

GZ-25-1
尺寸：纵24厘米，横19.4厘米
是幅存二胡人。其上似有一文吏手持手卷，现仅存手卷与青色长袍胸部图像。一胡人满腮须髯，肩饰披帛，双手托一盘，上一摩尼宝珠。其下一高鼻胡人，黑巾包头，裙裳曳地，跪于一毯上，似与对面某个人物交谈。

GZ-25-2
尺寸：纵24厘米，横19.1厘米
仅存下部图像，赤黄色束腰三壶门台座上唯一着赭色长袍人物，仅存赤带皂靴局部。

GZ-25-3
尺寸：纵24厘米，横19.3厘米
这是一相对完整的水月观音残像。

GZ-25-4
尺寸：纵24厘米，横19.2厘米
弟子残像，面目清秀，单眼朱唇，身披朱色袈裟。弟子右肩抵一杖状物，仅存杖柄，或为一禅杖；左手执一盘装物，上敞口大盘，下似垂绶。背靠一满布水纹的屏风。

GZ-25-5

尺寸：纵24厘米，横19.4厘米

这是一幅场景恢弘的经变图局部，现仅存右侧帷桌。帷桌饰重幔，上置供器一件。桌前侍立头戴高冠、敞袖襦裙、双手执笏的文吏五人，前一比丘双掌合十。与比丘相对立的一童仆面容清秀。当为坐下仆侍。

GZ-25-6

尺寸：纵24厘米，横19.8厘米

存上下军士二人，皆头戴幞头，外扎包巾，正面抹额处点花，内着宽襦白裤，外罩两当、护臂、捍腰，单腿盘坐于岩石之上。

GZ-25-7

尺寸：纵24厘米，横17.8厘米

仅存右下侧青色界襕。内着一比丘弟子，身着赭色袈裟，内服朱色僧袍，似执一锡杖。

GZ-25-8

尺寸：纵21.5厘米，横13.1厘米

侍者残像。头戴巾帻，面容清秀，着赤色圆领窄袖开袴袍，黑带素裤，上有菱形白花。由侍者背后残存一座椅搭脑所见，应为一主景人物右前侧扠手侍者。

GZ-25-9

尺寸：纵27厘米，横19.2厘米

帷桌重幔，上现存果盘三、白瓷小杯一对、托盏一只。其右侧女性束髻抱面，额点翠钿，颊饰面靥，外着朱色敞袖襦衫，青色缘边，外披白色蔓草花披帛，内服绿裙，袖手坐于一座椅之上。前方女童，头绾三丫髻，外罩青色对襟朱缘广袖开袴袍，内作红色网花裤，手捧一素地白花包袱。二人对面男性，只留一肩膀，着褐色长袍。

山花树石背景下，男女围坐图像，此次发现多例，唯此幅画面，女性人物居男性人物左侧，较罕见。

31　GZ-26

纸本版印
尺寸：纵42.2厘米，横35.1厘米

　　本幅绘画为雕版印刷，以青色纸作地，殊为珍贵。全幅具款印，本款于画面中层图像右侧界栏处，惜字迹漫漶不清，不可识。画面结构以水平构图作三段式图像分布，上部界栏漫漶，依稀可辨人物局部着直领敞袖袍与扎口袴，对称一宝座台基相对而立。中层图像龟甲纹地，上饰对称执笏踞坐人物二组，后有一鬼怪形象半身贯穿下层纹饰带。下层缠枝卷草纹地，间以斜方格小花纹界栏。整观全幅，或为一建筑背景下的局部残余。

GZ-26　局部一

GZ-26　局部二

32 GZ-27

纸本版印
尺寸：纵33.8厘米，横24.8厘米

此残片纸本版印，原为佛教版画局部。右上侧残存飞天一具，外套开版较小，半框单鱼尾，以印刻流云纹饰作地。白口刻印"赵家□□装印"坊号，半框外残存手书纪年"大中祥符七年申寅岁"款。大中祥符七年申寅岁即公元1014年。

纸本写经
尺寸：纵29厘米，横1368.5厘米

本卷发现时板结严重，经揭取修复而成手卷。接纸凡33幅，纸幅29厘米×41.2厘米。

历代流传《佛名经》原作十二卷，元魏菩提流支译。经中列举数千佛、菩萨及辟支佛之名，谓受持读诵诸佛名号而思惟赞叹者，能得现世安稳，远离诸难，消灭诸罪，于未来世得无上菩提。有关诸佛之数目，丽本与宋、元、明三本所举略有出入，依据后三本，总计列出11093佛名。三十卷《佛名经》本，系依据十二卷本合糅《大唐内典录》卷九"历代众经举要转读录"所载之经律论及贤圣集录等之题名，以及《大乘莲华宝达问报应沙门经》等，增列佛、菩萨、声闻、缘觉等名号及忏悔文等而成。

南無十百千國土微塵數...
南無十百千國土微塵數...
南無十百千國土微塵數...
南無十方...

南無不可說不可說佛剎...
南無不可說...
南無一...

南無八十億...
一億那由他同名...
南無一佛國土微塵數同名...
不可說同名...

南無功德賢...
南無...
南無法界吼佛
南無法樹山威德佛
南無...
開...
南無法雲吼王佛
南無法雲...

罪報懺悔人間冬溫夏疫毒屬傷害
罪報懺悔人間賊風腫滿否塞罪報
懺悔人間為諸惡神伺求其便欲作禍
崇罪報懺悔人間有鳥鳴百怪五厂
邪為作妖異罪報懺悔人間為...
豹狩狼水陸一切諸惡禽獸所傷罪
報懺悔人間自經自縊自刺自殺罪報
悔...投坑志火自沉自墜罪報
悔人間無有威德名聞罪報懺悔
人間衣服資生不稱心罪報懺...
間行來出入有所運為值惡知識
作留難罪報如是現在未來人天
中無量禍橫災疫厄難眾惱...
弟子今日向十方佛尊法聖僧三
懺悔願皆消滅懺悔已歸命礼三

名經卷第十三

纸本写经

尺寸：纵27.4厘米，横782.5厘米

　　本卷发现时板结严重，经揭取修复而成手卷。全卷手绘朱丝栏，接纸凡18幅，纸幅22厘米×49.8厘米。

　　《四分戒本》，后秦佛陀耶舍译。又称《四分律僧戒本》《四分律戒本》或《昙无德戒本》《无德戒本》，系昙无德部所传的比丘戒本。内容主要是列举《四分律》中的比丘具足戒之戒条。

諸我從此比丘諫此比丘言大德……此比丘應諫

大德如法諫諸比丘立言大……口法諫大衆

若佛弟子狼得憎益碩

如是諫時堅持不……

一作三諫捨者善

此丘尼罪於二法中一一科學

伽婆尸沙若波逸如住信優

若此比丘是名不定法

此立共女人在路現處不可作媟慶吒說廉

諸有住信優婆夷於二

二一究法吾中

婆尸沙若波逸提目

二　中應一一治罪

行波不……

摩那埵已應上尼羅當二

作若人一人不滿二十衆

說此立亦可呵此是時今問諸大德是中清

日大德是中清淨黙然故

【下段】

七佛為世尊　戒除諸纏縛　讚是七戒經　諸縛得解脫

已入於涅槃　諸戲永滅盡　尊行大仙說　賢聖稱譽戒　弟子之所行

已入於涅槃　諸戲永滅盡　世尊涅槃時　興起於大悲　集諸比丘衆

入眾滅涅槃　世尊涅槃時　興起大悲　集諸比丘衆

已入於涅槃　諸戲水滅盡　尊行大仙說　賢聖稱譽戒

入眾　諸戲水滅盡　世尊涅槃時　興起於大悲　淨行者無護

弟子之所行　入眾滅涅槃　世尊涅槃時　淨行者無護　我今說戒經

集諸比丘衆　与如是教戒　莫為我涅槃　淨行者無護

我今說戒經　亦說毗善尼　我雖般涅槃　當現如尊

此經久住世　佛法得熾盛　以是熾盛故　得入於涅槃

若不持此戒　如所應布薩　喻如日沒時　世界皆暗冥

當讚持是戒　如猫牛愛尾　和合一處坐　如佛之所說

如佛之所說　我已說戒經　衆僧布薩竟

所說諸功德　施一切衆生　皆共成佛道

四分戒本

大寶二年季春之月依本寫過　小比丘守瑛記

纸本版印
尺寸：纵27.6厘米，横824厘米

本卷发现时板结严重，经揭取修复而成手卷。版印，接纸凡21幅，纸幅23厘米×48.3厘米。
《妙法莲华经》，简称《法华经》，后秦鸠摩罗什译，七卷二十八品。

纸本版印
尺寸：纵27.6厘米，横824厘米

本卷发现时板结严重，经揭取修复而成手卷。版印，接纸凡21幅，纸幅23厘米×48.3厘米。
《妙法莲华经》，简称《法华经》，后秦鸠摩罗什译，七卷二十八品。

馬木兩稟各異佛　女

言辟演說一法於　喻不俱口

雨而行　一如海

法雨充滿世間　法陀

大樹而得增長如迦葉　佛所

大雲以一味之　華今

志室心大歡喜放光慶諸

八

世尊無能及者　秀生聞我法者沙

卞說甘露淨法　其為人天　轉輪聖王釋

子摩訶迦葉於未來世　得奉覲　漏法　能得涅槃

參　演暢斯義

像才

世尊說是偈已告大眾唱如是

卑便利不淨去土平　一無有高下

琉璃為地寶樹行列　更今　為繩以界

諸寶華周遍清　其國苦薩無量

感諸佛世尊供養

恐諸草重讚歎

眼　不能對矢　其洪　魚壽十二小　世二十小劫　像法亦正二十小

我其令王木山欲退還　導師作是念　此眾甚可愍

如何欲退還　而失大珍寶　尋時思方便　當設神通力

化戊日王慶諸合宅　周帀有園林　渠流及浴池

重門高樓閣　男女皆充滿　即作是化已　慰眾言勿懼

女等入此城　各可隨所樂　諸人既入城　心皆大歡喜

汝等安隱想　自謂已得度　導師知息已　集眾而告言

汝等當前進　此是化城耳　我見汝疲極　中路欲退還

以方便力　此城　汝今勤精進　當共至寶所

而復如是　為一切導師　見諸求道者　中路而懈廢

不能度生死　煩惱　故以方便力　為息說涅槃

救諸苦惱所　既知到涅槃　皆得阿羅漢

發諸苦惱　法諸佛方便力　分別說三乘

不作二亦智　二今為汝說實　汝所得非滅

三若二相乃　汝證一切智　十力等佛法

先息已引入　具三十二相乃

三進華經卷　諸佛之導師　為息說涅槃

慧

浴光　月可菊親題記

36　GZ-31

写经捺印
尺寸：纵30厘米，横450厘米

本卷残损严重，经修复后而成写经一卷，于每一佛名下捺印佛像一尊。通卷手绘乌丝栏，接纸凡11幅，纸幅28厘米×47.2厘米。于经尾手书"《千佛名经》卷中"。

《千佛名经》，亦名《集诸佛大功德山》。根据其前缀（劫数）不同，有《过去庄严劫千佛名经》、《现在贤劫千佛名经》和《未来星宿劫千佛名经》等三部经书。经书译者不详，仅知译于南朝梁代（502～557年）。

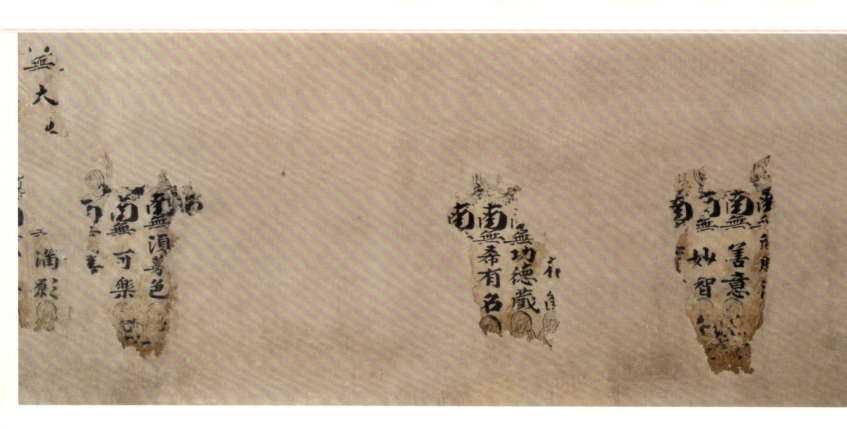

南無善意
南無妙智
南無功德藏
南無希有名
南無頒善色
南無可集

南無梅檀
南無无憂名
南無端嚴明
南無相國
南無蓮花
南無天光
南無波頭摩
南無无邊德
南無惠量
南無智富
南無寶手
南無梵財
南無淨根
南無德智
南無謨智
南無求膝智
南無相光
南無智惠
南無有日
南無出迯
南無上首
南無法藥
南無日明
南無利荷
南無相光
南無名
南無琉璃藏
南無善明
南無教化
南無間
南無智慧
南無日明
南無利荷
南無衆德

正語正見正解正聞通達百法明門
之地進趣加行六波羅蜜常得商命
證他心智法忍現前了達普證法性
空神足往來遊戲神通淨佛國以乾
衆生法財施不以二相或乱我心至王
不為惡交之所裁乱所生之處常得
仰大乘心无猒足常生正信十善之家
之中生生世世所生之處常值三寶渭
彰弟子等合道場人從今日乃至隨劫
從此已上七百佛礼三寶復懺悔

千佛名經卷中

礼三寶
采生同賢劫千佛彰力發彰已歸命
方行其足疾得圓滿信彰成佛度諸
見佛與我受記護六神通六波羅蜜
滿具足福德智惠光明之身常得
常願提身我等所生之處常得相好
離聞一切不二之身永離女人身永
佛土至一佛剎常得相好具足從一
意旅嚴證諸法空得法自往從
空三解脱門三明具足諸法三昧隨
借度有令登彼岸起越三界優跋三
堅牢憺賀直行不誑彼此山不怵衆生
之地進趣加行六波羅蜜常得商命
證他心智法忍現前了達普證法性
空神足往來遊戲神通淨佛國以乾
衆生法財施不以二相或乱我心至王
不為惡交之所裁乱所生之處常得
仰大乘心无猒足常生正信十善之家
之中生生世世所生之處常值三寶渭

塑 像

SUXIANG

1 GN-01

彩绘泥塑
高：68厘米

　　本尊菩萨像原为残块若干，经拼对修复得较完整踞坐造像一具。菩萨白毫毕现，披发束三环发髻，头戴宝冠。胸前佩挂流苏璎珞，内着宝花缘偏衫，勒帛束腰，肩披貉袖天衣，双手挂臂钏外缠油绿色披帛。此像造型精准，比例得当，细节处理颇为精致。瞳仁作玻璃点睛，目光炯炯。身体踞坐，于腰线下稍向右倾。姿态丰美，极具动势。

2 GN-02

金漆泥塑
高：25.3厘米

菩萨束帛披发，身披敞胸通肩白衣，内服素色中衣，束红色帛带。残像仅存左腿盘坐，左手轻抚左膝。此像造型精准，比例得当，细节处理残存贴金痕迹，颇为精致。

3 GN-03

彩绘泥塑
高：16.4厘米

此像作圆雕童子，右腿与左臂及左下肢部分散佚。童子光头，面部作淡红色晕染，人物开脸细腻精准，颈部原为项圈一，脱落仅存粘附胸颈痕迹，后系大红丝帛束勒；上身赤裸，唯腹部转身围红色肚兜，由青色袢带围系腰后。脚踝部分残留红色彩绘，似为靴袜、软袜一类服饰。造像丰体圆润，人物开脸惟妙惟肖，惜彩绘剥落严重，人物形制不全。童子左腿下部残存一木质棒状插隼，似与其他基座接附。

4　GN-04

彩绘泥塑
高：19厘米

　　此像作圆雕童子。童子光头，面部残余赭色面妆，颈带围嘴一幅后缀白色项圈，后以勒帛束结；上身赤裸，腰部转身围红色包肚。此造像丰体圆润，人物开脸喜乐，于漆面开裂处见彩漆层层堆绘。童子腰下残存一木质棒状插隼，似与下身相合。从形体来看，似为表现佛陀释迦牟尼佛出世情景。

5 GN-05

泥塑贴金
高：18.2厘米

此像作圆雕罗汉，惜较残损，仅存头部与躯干。螺发，面部开脸较为夸张，似一胡僧。颈部以金箔帖饰一圈，袒胸露乳，大腹便便，有左肩至右腰部转身围红色天衣，下身不存。造像丰体圆润，人物开脸喜乐，贴金处熠熠生辉。

6 GM-01

彩绘木雕
高：44.5厘米

　　此像与GM-02童子像形制相近，圆雕执荷童子。童子头饰三发髻，以红色帛带束结丫髻，颈戴项圈一副后缀大红色束帛；身着朱地墨花貉袖短衣，内服黑地团窠缠枝花包肚。造像丰体圆润，人物开脸嬉笑盈盈，于漆面开裂处见彩漆层层堆绘。童子手执一木质莲花，顶端残存嵌瓣数片。

7　GM-02

彩绘木雕
高：40.5厘米

　　圆雕执荷童子，童子头饰三发髻，以红色帛带束结丫髻，颈带围嘴一副后缀袢带；身着朱地墨花貉袖短衣，内服黑地团窠缠枝花包肚。造像丰体圆润，人物开脸嬉笑盈盈，于漆面开裂处见彩漆层层堆绘。童子手执一婉转棒状物，顶端残存嵌榫痕迹。由GM-01执荷童子像可知所执应为莲茎，顶端缺失莲花瓣。

8 GM-03

彩绘木雕
高：4厘米

造像雕刻小巧，设色浓艳，为一罗汉，作双手合十状，身披赤黄色直领敞袖衫，下着绿色裤。人物面目墨绘粗犷，但对人物特征描绘较为生动。以短促墨笔绘人物须髯，平涂作头顶，再以朴拙的墨圈绘眼不点睛，甚特殊。

9 GM-04

金漆木雕
高：22.2厘米

菩萨立于重瓣莲花座之上，头戴莲花宝冠，身披袈裟，内服红缘僧祇支，于袈裟外周身遍饰璎珞。菩萨开脸以墨笔绘制，遍身髹金，造型消瘦，头部较身体偏大。

10　GM-05

金漆木雕
高：11.9厘米

　　菩萨立于重瓣莲花束腰台座上，左半躯干残损严重，背后残留镶嵌穿钉一枚。菩萨头戴莲花宝冠，肩披深领广袖曳地长袍，内服轻薄天衣满缀璎珞，赤脚。此菩萨面部残损严重，仅保留墨线痕迹，由衣褶等细部可见白色彩绘痕迹。相比身躯的单薄竖长，头部方正偏大。

11 GM-06

金漆木雕

高：25.2厘米

佛像较为完整。塑一佛结跏趺坐于三重瓣莲花座。坐佛头饰宝珠状肉髻，身披赭缘红色袈裟，内服红色右衽郁多罗僧。坐佛开脸以墨笔绘制，其间遍身髹金，造型圆润。莲花座外层涂饰红色莲瓣开光，周遭以墨色作层层退晕；中层莲瓣亦然。

12　GM-07

金漆木雕
高：23.5厘米

佛结跏趺坐于重瓣莲花座。坐佛头饰宝珠状肉髻，身披红绿两色田相袈裟，内服红缘僧祇支。坐佛开脸以墨笔绘制，其间遍身髹金，造型圆润。莲花座外层涂饰赤黄色，上以细笔绘制折枝莲花，内层莲瓣以不同绿色作层层退晕。

13 GM-08

金漆木雕
高：23.2厘米

　　像左肩部分散逸，经补缺全形后较为完整。佛结跏趺坐于三重瓣莲花座，头饰宝珠状肉髻，身披赭缘红色田相袈裟，内服素缘绿地右衽广袖僧祇支。坐佛开脸以墨笔绘制，其间遍身髹金，造型圆润。莲花座外层涂饰绿色莲瓣开光内填细笔描红绿地点粉折枝莲花，周遭以不同深浅色相绿色作层层退晕；中层莲瓣以红色剪边细笔描红折枝莲花装饰，最内层通体施绿彩。莲座层次分明。

14　GM-09

彩绘木雕
高：22.2厘米

圆雕比丘立像，右侧身体不存。比丘光头，现白毫。面部端庄，局部残余赭色面妆，眼周描红，颈部层层堆起作肌肤褶皱质感。内服交领右衽朱缘青地偏衫，外披红绿两色贴金四瓣菱形花滚叶田相袈裟，下着红色半衫绿色安托会，脚蹬僧履。造像丰体圆润，人物开脸平淡天真，于漆面开裂处见彩漆层层堆绘。比丘双脚下残存木质棒状插隼一对，足下应另有台座。

15 GM-10

彩绘木雕
高：12.4厘米

地藏菩萨坐像，头戴垂裙风帽，身披交领右衽僧袍结跏趺坐。造像通身由整块木料析雕而成，只顺木质纹理作少量阴刻衣纹处理，不过多矫饰。于人物帽顶、僧袍褶皱处残留少量色彩，当为彩绘痕迹。

16　GM-11

彩绘木雕
高：9.5厘米

　　本尊地藏菩萨坐像，戴垂裙风帽，身披赭色外袍，内服翠绿色圆领僧袍。造像通身由整块木料析雕而成，面部残损较严重，似有意遭到破坏。衣纹结构只顺木质纹理作少量阴刻处理，不过多矫饰。

17 GM–12

彩绘木雕
高：20.5厘米

此像析木为龛，闭合后为棒状，打开其中各有内链开光一具。左侧开光内作圆雕童子立像一尊，保存完整，立于重瓣仰莲座上。童子光头，面部作肉色晕染，人物开脸细腻精准，颈带贴金一圈后缀红色长巾子打花结；上身赤裸，唯腹部转身围红色包肚。脚踝部分残留红色彩绘，似为红色护腿短靴。莲花座外髹红彩，内层莲瓣黑色平涂。此造像丰体圆润，人物开脸惟妙惟肖。龛上顶花造型作帷幕状，其间髹红、黑、金等色，五彩斑斓，性质特殊。

18　GM-13

金漆彩绘
高：19.8厘米

鸟型残件以木雕而成，外髹金漆，从金漆脱落处可见粉状地仗。鸟作回首状，身体外倾，纹饰两侧对称。腹部两侧各有一对称斜向穿透性榫眼。残件雕工简单，仅用寥寥数刀阴刻羽毛走向，不做头部细微雕饰，但比例得当，形象拿捏准确。

19 GC-01

瓷
高：13厘米

　　青瓷制菩萨坐像，较为完整仅局部断裂，釉色明亮。菩萨头戴化佛宝冠，后披发，颈部佩戴璎珞，于背后束帛作花结。外服披帛，下身内服裤装，半坐于山石之上。此作造型极似北宋时期水月观音菩萨形象，但因瓷质造型线条粗放，形象不可细辨。

20 GT-01

铜鎏金
高：11.5厘米

残件仅剩铜鎏金佛像基座，高圈足，三个大的三角形镂孔，其上残存佛像下身部分。台上露双脚。

233

后记

　　2006年11月，我受国家文物局委托，第一次奔赴赣州检视2004年赣州慈云寺塔暗龛发现文物，这些文物多呈碎片状且种类繁多，无一完整，保存状况堪忧。回京后，紧急制定修复方案。2007年初，赣州市博物馆韩振飞馆长电话告知，赣州市领导本着尊重宗教的原则，希望将这批文物原状送回塔内，且想倾听专家意见，我与周宝中先生再次飞往赣州，就这批文物的处置问题向市领导进行说明：这批文物距今千年且带有北宋时期的诸多文化信息，相当珍贵。塔内文物经过扰动且本身破损严重，若原封不动放回也是一种毁坏。向领导详细讲明，应认真抢救保护及研究它们承载的宋代文化信息的重要性。市领导就这批文物的处置问题最终决定由市政府先行垫付相关经费，进行文物抢救性修复工作，使这项修复工作得以顺利起动。

　　至2012年，赣州慈云寺塔出土文物的修复工作历时五年，基本完成，此次修复工作是各门类修复专家共同努力的成果。整个工作由我主持，最终，纸绢类文物由纪秀文老师牵头完成，参加初期的分拣筛选拼对工作有傅萌、贾汀、司志文、张国英、黄悦等；彩绘泥塑、木质造像的修复工作由中国国家博物馆的赵家英、王赴朝、陈仲陶、孙振祥等完成；青瓷菩萨像的修复工作由首都博物馆的吕淑玲、赵立辉完成。

　　2013年，在中国社会科学院考古研究所召开了慈云寺发现文物与的修复专家验收会，修复工作得到了与会专家的高度评价。出席会议的专家有王丹华、周宝中、杨泓、赵永芬、赵丽雅、张总、王继胜等各位先生。与会媒体有新华社的王军先生及《中国文物报》

《华夏地理》的记者等。

　　根据北京大学宿白教授的意见，开始进行繁琐的文物资料的整理编辑工作。由我和石钊钊负责本书的编写，由文物出版社孙之常、刘小放、郑华、宋潮等拍摄文物照片，同年11月，我与石钊钊再赴赣州补拍部分文物细部照片，年底将书稿交付文物出版社。2017年我携中国社会科学院考古研究所胡秉华、石钊钊两位先生第四次赴赣州，对照文物本体进行最后的数据复核，本书所有编撰工作完成。

　　此次赴赣惊悉赣州市博物馆前馆长韩振飞先生年仅57岁因公殉职，谨记他对慈云寺塔文物从发现到保护和修复工作做出的贡献。

王亚蓉

2017年3月于赣州

宿白先生观摩、指导慈云寺发现文物修复工作